Retrato de Familia
NERUDA 1904-1920

BERNARDO REYES

Retrato de Familia
NERUDA 1904-1920

EDUPR

EDITORIAL DE LA UNIVERSIDAD
DE PUERTO RICO

Primera edición, 1996
© 1996, Universidad de Puerto Rico
Catalogación de la Biblioteca del Congreso
Library of Congress Cataloging-in-Publication Data
ISBN 0-8477-0222-7

Parte de la investigación de este libro se realizó en el año 1995
gracias al apoyo del
FONDO NACIONAL DE FOMENTO DEL LIBRO Y LA LECTURA
CONCURSO PROGRAMA DE BECAS PARA ESCRITORES 1994.

El término de la investigación, redacción final y corrección,
se completó gracias al
FONDO DE DESARROLLO DE LA CULTURA Y LAS ARTES (FONDART)
CONCURSO DE PROYECTOS ARTISTICOS Y CULTURALES 1995.

Ambas instancias dependientes del
MINISTERIO DE EDUCACIÓN DE CHILE.

Tipografía y diseño: Ninón León de Saleme
Portada: José A. Peláez

Impreso en los Estados Unidos de América
Printed in the United States of America

EDITORIAL DE LA UNIVERSIDAD DE PUERTO RICO
PO Box 23322
Rico 00931-3322

Administración: Tel. (787)250-0550 Fax (787) 753-9116
Departamento de Ventas: Tel. (787) 758-8345 Fax 751-8785

A Marycruz, mi leal compañera
  y a nuestros amados hijos David y Pablo.
A mis hermanos: Rodolfo, Boris, Juan Carlos, Pedro y Pamela.
A Raúl y Lila, mis padres.
A la memoria de mis tías Matilde Urrutia y Laura Reyes,
  y de mis abuelos Rodolfo y Teresa.

Contenido

ste es un libro escrito desde el fondo del clan, con datos prohibidos que escapan al silencio de casi un siglo. Aquí se revelan algunos secretos, confirmando la eterna aventura humana que narra la Biblia y la literatura de todos los tiempos. Algo del clima de Faulkner trasladado al sur de Chile, a tierras de La Frontera, donde recién han callado los truenos de la Guerra de la Araucanía. Con el asalto al bosque milenario prosigue la encarnizada expulsión de los pobladores mapuches. Surgen cuatreros, variados personajes de un Far West criollo. La ley de la selva aún reina entre los árboles recién talados para despejar terreno a un Temuco naciente.

La leyenda nerudiana contiene misterios. Un sobrino nieto del poeta, Bernardo Reyes, los va percibiendo en los cuartos de la casa, a través de las murmuraciones domésticas, por la crónica de las tías. Alcanza a conocer actores de la historia que se mantiene en reserva. Hasta que un día, cuando los principales personajes implicados están muertos, levanta la tapa del silencio y salen a la luz ciertos hechos que se guardaron puertas adentro, muy para callado.

Esto no tiene nada que ver con los encantos de la chismografía. Bernardo Reyes escribe un libro hermoso, nutrido de trasfondos poéticos e informaciones que contribuyen a completar imágenes y a redondear la saga del conjunto familiar. Rectifica y reordena el modesto árbol genealógico nerudiano. El hermano menor es el mayor. La hermana es de padre, pero no de madre. El padre brusco, que castiga con severidad, iba de Parral a Temuco y de Temuco a San Rosendo sembrando, desparramando hijos, que luego habría de juntar, porque en este sentido es el hombre andariego y fecundante que se da en cualquier época y región.

Todo esto tendría poca importancia. La trascendencia del texto radica en que permite mirar al interior de los seres humanos. Ilumina trastiendas personales. El mundo de la mujer tan callada, que vuelca toda su energía interior en la ternura y la abnegación para hacer suyos a los que no salieron de su vientre, al niño huérfano de madre que su marido ha traído de Parral y a la pequeña que trasladó desde San Rosendo. Ya grande el primero inventa para ella la palabra "mamadre", expresiva de una gratitud que siempre le impidió llamarla madrastra. Será la mamadre (dos veces madre), la silenciosa que sólo hace ruido con sus zuecos de madera y hará de Neftalí y Laura, sus propios hijos. Por eso la mujer de pocas palabras, que se desliza como una sombra, doña Trinidad Candia Marverde, se transforma en motivo de su canto, "dulce como la tímida frescura del sol en las regiones tempestuosas, como una lamparita menuda". En contraste aparece la temible rigidez paterna, su horror ante la idea para él infamante de tener un hijo poeta y otro, tenor, barítono o bajo (no sabía bien cuál era su registro). No le importaba un pito. Porque el único que tocaba era el del conductor del tren. Hacía sonar el silbato como un signo de autoridad, del "aquí vengo yo", anunciándose con la música aguda de los pitazos de la locomotora entrando a las estaciones en los inviernos huracanados de Cautín.

El libro habla de hombres, mujeres y niños. También del paisaje y del clima. Porque la lluvia, los olores, belleza, durezas y reciedumbres del panorama mojado los moldea de algún modo a todos, a los caracteres duros y a los espíritus soñadores.

Neruda dijo alguna vez que no había salido todavía o por el momento entre los Reyes de su estirpe otro poeta. Hoy día hay más de uno. Debemos valorizar la prudencia del "hasta ahora". Porque Bernardo Reyes es un poeta de la segunda o tercera generación postnerudiana. Ser poeta y sobrino nieto del grande supone peligros, un fardo pesado. Se convierte en un cliché que suele usarse como tarjeta de presentación. Allí está la sombra enorme. Él lo sabe. No lo imita. No quiere usufructuar de la gloria del pariente. Este retrato de familia habla de un escritor de verdad, por cuenta propia. Resultaría absurdo ponerse a medir y comparar proporciones. Si tuviera otro apellido y ningún vínculo con el poeta famoso de todos modos Bernardo Reyes sería lo que es, un poeta del sur de Chile.

El hecho de que pertenezca a esos lares y a esa tribu tiene sus riesgos y también sus ventajas. Le permite acceso al cuarto de los misterios de la familia, al baúl que guarda secretos. Algún miembro de la familia podría objetar: eso no se debe decir. El tiempo ha pasado. Los silencios también prescriben a menos que se lleven a la tumba y nadie los diga después. Algún descendiente cuidadoso puede insistir en que no conviene atentar contra la pureza de la imagen porque se empañaría el honor de la grey. Toda la odisea de la humanidad está llena de transgresiones a la norma, que pasa y cambia, como producto de época. En la raíz del ser humano subyacen siempre sus pasiones, sueños, amores, odios. Tanto abundan las excepciones a la regla que cesan de ser salvedades. Estas páginas dejan constancia de impulsos incontenibles que alteran a veces el orden de los árboles genealógicos.

Mirando desde adentro

La trama se entreteje en lo profundo, bajo la superficie declarada, entre viajes de la zona del Maule al Toltén. Cada personaje desempeña su papel conforme a las reglas que rigen el complicado destino de los hombres. ¿Tragedia griega, comedia criollista, picaresca española o teatro de sombras?

El repertorio humano compone un álbum de almas y rostros muy diversos. La figura del poeta es un hito que destaca a posteriori, por su nombradía. Corresponde a un momento del ir y venir de las generaciones, siempre dadas a los arrebatos del sexo, a los olvidos, los reconocimientos tardíos y los mutismos obligados.

La obra pinta también cuadros de época. Un protagonista central, don José del Carmen Reyes, es el tronco con ramaje frondoso de un linaje sometido a reserva. Tiene un carácter autoritario que se manifiesta no sólo a la hora de enfrentar sublevaciones de carrilanos del tren lastrero sino también imponiendo con puño de hierro la que considera disciplina doméstica. La reconstitución del medio está cruzada por la reminiscencia de hábitos sureños, violencias intrafamiliares, psicologías que chocan, como sucede en cualquier parte del globo.

Estas páginas despiden un aroma austral. Todo transmite la atmósfera de la Araucanía, el perfume húmedo, el color de la lluvia, de la zona que algunos llaman nerudiana, porque a través del poeta entró a un ámbito más universal, que ya había inaugurado y entrevisto, como primera página, *La Araucana.*

Colección de estampas de infancia, adolescencia y primera juventud. El vaporcito navega el Imperial. El poeta en ciernes viaja al mar. Va de visita a casas amigas. En el fondo del pozo se refleja "la cabeza rubia de Laura Pacheco". El amor y la lectura. El muchacho se embebe a diario con un vino embriagador: la biblioteca de Puerto Saavedra, bajo la mirada benévola de Augusto Winter, poeta patriarcal de los cisnes migratorios. Descubre el orbe que está más allá. Si uno piensa en los días finales de Neruda podría colegir cierta semejanza con una escena digna del día siguiente del Diluvio, en que esos libros se recogen en la arena, mojados y triturados por el terremoto y maremoto que destruyó Puerto Saavedra. La remembranza tiene a ratos el tono desvaído de los daguerrotipos sepia que fotografían al niño que busca la palabra, se hace preguntas existenciales y no oculta su desazón ante advenedizos y cuatreros de las vísperas, ahora enriquecidos, que van configurando a su alrededor una sociedad desigual. Admira en cambio al tío alocado, Orlando Mason, editor de *La Mañana* y autor de *Flores de Arauco.*

Lee a Jean Grave y al Príncipe Kropotkin, simpatiza con los jóvenes anarquistas en los primeros tiempos en que González Vera llega a Temuco escapando de las persecuciones en la capital y Manuel Rojas, salido de ese ambiente, comienza a escribir entre Santiago y Buenos Aires.

No están olvidados los azotes y golpes al poeta balbuceante. No renunciará por nada del mundo a su vocación. No agachará la cabeza. Escribe poemas con un título rebelde, *Las Canciones del Odio.* Se convierte en colaborador encendido del periódico de la

FECH, *Claridad*. Son días tumultuosos en que se forman Soviets de estudiantes.

El texto contiene una segunda parte, compuesta por capítulos diversos, centralizados en epistolarios que poseen un valor y significado enriquecedor del entorno nerudiano. Las cartas a Laura Reyes de María Antonieta Haagenar, primera esposa de Neruda, permiten conocer algo más esa figura opacada por las circunstancias. Así como sus contornos continúan difusos, clara y sutilmente desolada sobresale la correspondencia puntual de la orgullosa y noble Delia del Carril confiando a su cuñada las inquietudes que le plantea la crisis matrimonial.

Este libro es más que un cuantioso banco de datos. Corrige informaciones equivocadas. Agrega páginas desconocidas de los conversados anales familiares, nutridos por el cuchicheo íntimo junto al brasero. La obra navega por un mar de historias, por climas meteorológicos y humanos tormentosos, por la gran aventura de los que llegan a poblar, no sin violencia, tierras recién incorporadas a la "civilización blanca". Por entonces surge una especie de Lejano Oeste chileno. Allí asoma su nariz un poeta, que absorbe las fragancias, los mensajes, las esencias de la vida, de la naturaleza. El niño tímido, callado, introvertido de Temuco, reprimido por su vocación, respondió sacando la voz por el amor a la mujer y el respeto a la gente violentada, con un fuego y una belleza que le permitió crear una de las poesías fundamentales del siglo XX. Cantará no sólo su alrededor, sino también, allende mares y cordilleras, los sentimientos de pueblos sojuzgados y doloridos. Ese hombre a pesar de todo no renunciaría a la esperanza de confesar un día que había vivido en plenitud, porque anduvo siempre en busca de la poesía y de la huidiza felicidad.

Al ámbito de su tribu original, a los secretos de la estirpe se refiere esta obra de Bernardo Reyes, aporte imprescindible que se integra a un conocimiento mayor de la intrahistoria del poeta.

Primera Parte

RETRATO DE FAMILIA
Neruda 1904-1920

1
Primer Viaje[1]

---

[1]El título del capítulo está tomado del poema "Primer Viaje" de *Memorial de Isla Negra*.

No sé cuándo llegamos a Temuco.
Fue impreciso nacer y fue tardío
nacer de veras, lento,
    y palpar, conocer, odiar, amar,
todo esto tiene flor y tiene espinas.
Del pecho polvoriento de mi patria
me llevaron sin habla
hasta la lluvia de la Araucanía.[2]

Neruda a los dos años,
recién llegado a Temuco
desde Parral.

[2]Fragmento del poema "Primer Viaje"
de *Memorial de Isla Negra*.

Tras la enorme extensión de la vides, débilmente, podía escucharse el repiquetear fúnebre de las campanas. La iglesia recién construida olía a madera fresca y por los rincones aún podían verse los montoncitos de aserrín y los despuntes de las tablas que alguien, apresuradamente, había barrido para la ocasión.

Temprano había empezado a llegar la gente de los alrededores. Algunos se dirigían directamente hasta la iglesia, donde era notoria la prisa por realizar los últimos preparativos, dirigidos por el propio cura párroco. Otros, en cambio, se dirigían hasta la casa de la finada, con lágrimas reales o impostadas, a sumarse a la larga lista de deudos y compadres arrimados a la cocina esperando ansiosos el caldo mañanero que habría de espantar los últimos vapores alcohólicos de los mostos bebidos en nombre de la difunta.

El fundo Belén, casi contiguo al poblado de Parral, tenía evidentemente un nombre exagerado. Algo más de cien hectáreas no constituían en verdad un fundo, aunque sí lo fuera la enorme extensión de los sueños de su propietario –José Ángel Reyes Hermosilla– un fornido hombrón con cierta vocación casi deportiva por consultar "la palabra de Dios" y un vozarrón que no admitía discusión.

Natalia Morales Hermosilla era una mujer silenciosa y frágil sumida en la perdida batalla de seguir el entusiasmo de su marido, quien rendía culto al trabajo. Nadie notó que aquella primavera fue incapaz de llevar luz y algo de esperanza a su corazón. Hundida en el silencio de su ser, sin conciencia de que no eran ni los espíritus del mal ni su falta de fe lo que la arrastraba inexorablemente hacia cierta forma de derrota, sino simplemente cansancio

vulgar, fue día a día renunciando a dar ninguna otra batalla a medida que aumentaba su vientre.

Pero el golpe de gracia lo dio el parto, su primer y único parto
contrapuesto a todas las señales descifradas por don José Ángel,
traducidas directamente de los profetas y leídas en el aire, en la
tierra y en su corazón.

La muerte de su joven esposa puso un velo de duda en sus planes
fundacionales, los que sin embargo pronto empezaron a recobrar
fuerza luego de un duelo escueto, hierático y conciso, el que comenzó a cumplir entre los desconsolados llantos de las comadronas que
salían y entraban de la habitación con lavatorios, sábanas teñidas con
sangre y un abatimiento por cierto sentido de culpabilidad.

—¡Es la voluntad de Dios, señoras!— les rugió.

—¿Y qué vamos a hacer, don Josecito?— le respondían estrujan-
do los paños ensangrentados que no habían alcanzado a ocultar.

—¡Hay que vestirla inmediatamente y que alguien vaya en busca del cura!

—¡No importa que esté dormido, me lo despiertan y me lo traen!

Los desplazamientos producidos por las órdenes provocaron
cierto apaciguamiento en las comadronas y sus ayudantes. Mordiendo los labios para no llorar, cumplían la penosa tarea de vestir
a la difunta, la que parecía dormida apaciblemente luego de la
lucha tenaz por sostener su propia vida y de dar vida.

Recién entonces, en medio del doloroso ajetreo de esa madrugada, don José Ángel pudo distinguir entre los ruidos el llanto de
la criatura que alguien había vestido primorosamente.

Las primeras luces del alba ya empezaban a iluminar los rincones de la habitación: era la hora del crepúsculo, del día-noche, en
la implacable suma de los designios, en un instante ambiguo de
muerte y de vida. En silencio alguien le extendió la criatura:

—Es un varoncito— le murmuraron.

Él nada respondió. Se acercó hasta su esposa y ordenó que le
cerraran los ojos. Luego salió lentamente llevándose consigo a la
criatura con una extraña mezcla de dolor y de esperanza. Detrás
de la cordillera el sol empezaba a extender su manto de transpa-
rencia, los queltehues cantaban sacudiéndose el rocío de las alas, y

las vides, con la orden perentoria de florecer escondida entre sus ramas, negaban su extensión, en una suma majestuosa de manos artríticas, interrogando o interrogándose, erguidas con dificultad hasta perderse en el horizonte.

Cercano al fundo Belén se ha formado el pequeño poblado de Ñiquén. El mismo fundo, antes de orgullosas trescientas cuadras, ahora se ha fraccionado en una porción más pequeña denominada Belén Chico. Otras propiedades pertenecientes a la familia Reyes todavía permanecen en Parral debatiéndose entre mitos y derrumbes definitivos.

Camino por las calles de Parral, por sus lodos, por estas dolorosas casas carcomidas. Tal vez alguna de ellas alberga uno de los muchos bares clandestinos donde se puede beber por casi nada: el precario sostenimiento de economías colapsadas.

Un campesino de cierta edad me dice que una de las últimas propietarias del fundo Belén era una dama que ya no podía ocultar su incapacidad para manejar sus tierras. A su muerte las heredó un joven enfermo mental que deambulaba sin rumbo por las calles y los campos de Parral. Muerto este último descendiente, las otrora hermosas tierras donde habría de instaurarse el Hombre Nuevo quedaron en manos del fisco, representadas por papeles amarillentos y casi ilegibles, que nadie necesita tramitar.

Camino por la estación de ferrocarriles. Me dicen que sólo algunos trenes se detienen. A cierta distancia algunos vagones oxidados, que invitan a orinar entre sus ruedas, sugieren que ya la historia no tiene ninguna importancia. Fuera de la estación un triste letrero hecho de fierro de construcción intenta rescatar el nombre de uno de los descendientes de esta numerosísima familia: Plazoleta Pablo Neruda.

Por último recorro el cementerio de Parral. Casi en el centro hay un ángel triste con un brazo quebrado, o trunco. No se puede saber para dónde está el cielo, y como él mira meditabundo hacia la fuente, puede ser que sin querer nos esté comunicando lo que el artista sentía en su fuero íntimo, saliéndose del marco creativo del encargo religioso: expresar la duda de la existencia del cielo.

En la entrada, una tumba decadente, con un letrero que alguien puso por consideración social o piedad, recuerda con letra vacilante que se encuentra en permanente descanso doña Rosa Basoalto de Reyes.

Don José del Carmen Reyes Morales recordaba los ojos de su madre por una vieja fotografía que el desdén y el tiempo fue añejando, hasta que un invierno cualquiera, deteriorada por la humedad, alguien determinó descolgarla del salón.

De cuando en cuando volvía a reencontrarse con su rostro. El olor del sótano, el ruido de las pisadas sobre su cabeza y aquellos ojos negros rememorados entre los juegos de niños con el corazón agitado, abrían una extraña herida que producía una especie de placer: el goce y el dolor ante el abismo de la muerte. La palabra Natalia, ya en desuso por mucho tiempo, tenía una música de lejana soledad, que con el paso de los años fue reemplazándose por muchos otros nombres de personas que siguieron poblando el fundo Belén de acuerdo a la férrea voluntad paterna, no dispuesta a cejar en su tozudez por hacer de esas tierras algo extraordinario. En 1885, en efecto, su pa-

José del Carmen Reyes Morales, padre de Neruda.

dre, don José Ángel contrae segundas nupcias con una mujer muy diferente a la silenciosa Natalia. Encarnación Parada era una mujer robusta y sana, provista de un pícaro sentido del humor. Don José Ángel sólo podía reprocharle su excesivo pragmatismo, distante a la callada dulzura de su primera esposa, el que sin embargo a la larga le trajo más retribuciones que disgustos.

Con Encarnación Parada tuvo, ahora sí, trece hijos que poblarían los llanos fértiles de la zona central, los magníficos elegidos de

Jehová, para temerle a su ira y hacer del fundo Belén el sitio donde creciera la nueva vida: el Hombre Nuevo.

Naturalmente es posible que no toda esta abundante descendencia proviniera sólo de su relación con Encarnación, pero el hecho es que los papeles así lo atestiguaban a quien quisiera discutirle, que ésos eran sus hijos, todos.

Estos Reyes Parada, bautizados sin excepción con nombres bíblicos, eran una pandilla de muchachos alegres difícilmente controlados por el padre autoritario o por el único Reyes Morales, instigado a asumir con reticencia un papel de inspector, propio de su condición de hermano mayor.

Pero la distancia de José del Carmen con sus tierras de origen fue dándose con el correr de los años. En dos palabras: muchas manos para pocas tierras. El discurso bíblico ya empezaba a sonar repetido y escasamente convincente, sobre todo cuando los hermanos leían en la mirada del otro el hastío, el ocio latente en el prematuro término de las jornadas de trabajo.

A unos doscientos kilómetros de Parral una bullente actividad empezaba a cobrar vida en el puerto de Talcahuano, cuyas actividades se habían visto dinamizadas por la construcción del dique Nº1, inaugurado en 1890 por el presidente Balmaceda. Talcahuano junto con Coquimbo y Valparaíso fueron los puertos que se abrieron a la navegación internacional en 1811, cuando los chilenos empezaban a hacer los primeros ejercicios emancipadores para dejar de ser una colonia española.

Uno de los jóvenes obreros que participó en la construcción era el veinteañero José del Carmen, con la clara determinación de realizar algo más productivo.

Fue una determinación difícil, dolorosa, conversada mientras el sol se escondía tras las vides de Parral.

—En los puertos hay mucho pecado, hijo— le decía don José Ángel, como hablándose a sí mismo, aunque en su fuero íntimo sabía que el joven tenía que emprender su propia vida.

Finalmente se adoptó una salida intermedia. José del Carmen trabajaría en Talcahuano mientras su presencia no fuera necesaria en el fundo Belén, entre la gran cantidad de colonos alemanes, franceses o suizos, que permanentemente desembarcaban en el puerto con el propósito de poblar el territorio mapuche recientemente "pacificado", como se le denominó a la usurpación militar de la zona comprendida entre el río Bío-Bío y el río Toltén, luego de más de trescientos años de resistencia. Entre ires y venires se encontró, en la misma pensión donde se albergaba, con un gringo simpático y conversador. Tanto la dueña como las hijas de la posada tenían un extraño sonsonete, que ellas decían ser catalán. Tolrá, era su apellido.

Don José del Carmen Reyes
con Jorge Mason en algún lago del sur.

Carlos Mason Reinike, norteamericano de origen, con cierta sed de aventura en las venas, deseaba cambiar sus propósitos iniciales de comprar ganado proveniente del Perú por el de convertirse en colono, al enterarse de que ciertos técnicos belgas que venían en el mismo barco se dirigían a trabajar en la extensión de la línea ferroviaria de Angol al sur. Era una zona de belleza prodigiosa, que podría significar grandes negocios, según se lo aconsejaba el olfato comercial que tenía a su haber ya varios aciertos.

Al poco tiempo, Mason ya era visitante asiduo del fundo Belén, ocasiones en que realizaba importantes negocios con José Ángel Reyes, por lo que su presencia era esperada.

Los negocios de Mason, que lo relacionaban con gran parte de los agricultores de Parral, lo llevaron a conocer a la familia Candia Marverde.

En uno de los viajes el gringo emprendedor se quedó para siempre, con el firme propósito de partir en algún momento hacia La Frontera, indisimuladamente atraído por Micaela Candia, ya en edad de merecer. La amistad con José del Carmen, nacida entre copas y soledades compartidas en una fría pensión de Talcahuano habría de acompañarlos toda una vida.

Recuerdo nítidamente las sonrisas de mi padre y del tío Orlandito. Estrepitosa la de mi padre, la de mi tío, pequeña y rápida, como el canto de un ave. Entre los vasos de vino afloraban relatos que el tiempo se encargó de borrar, quedando sólo un sedimento, una graciosa huella en la arena del alma amenazada con borrarse por la ola mansa de los días.

—Filósofo impenitente—me decía mi tío Orlando, y mi padre lo celebraba con grandes carcajadas. Yo no sabía si enojarme o reír.

Mi padre —Raúl Reyes— era descendiente de don José del Carmen y el tío Orlando Mason, del viejo aventurero Carlos Mason.

Hace ya algún tiempo estos dos amigos se fueron definitivamente de mi vida, pero permanece inalterable conmigo la ternura y la indiferencia con que se referían a Neruda en tanto personaje público.

Recorro el cementerio de Temuco. He averiguado entre los parientes en qué sitio están enterrados algunos de los hermanos de mi bisabuelo. Me encuentro frente a la tumba de Abdías Reyes Parada, donde crece un ciprés. Los otros no sé dónde están, ni tampoco parece ser importante encontrarlos. Se está detrás de la dirección del viento que diseminó las semillas, más que de las praderas o montes donde crecieron o murieron.

Cuando Carlos Mason partió a La Frontera el ferrocarril prolongaba sus líneas férreas hacia el sur, penetrando dolorosamente la selva virgen. Inmediatamente entendió que se estaba en presencia de la magnífica posibilidad de instaurar un nuevo orden, donde sería posible realizar toda esa inacabable cantidad de ideas que le poblaban y asediaban hasta en los sueños.

Vegetaciones espléndidas, diferentes a las de su país de origen, se empezaban a talar para dejar espacio a las futuras ciudades y a los campos para agricultura.

Y en medio de todo este torbellino, de personas llenas de bríos y de pasión, estaba el motor: el ferrocarril. Las obras las dirigía un ingeniero belga, Gustave Verniory, el que pese a tener que cumplir con el penoso destino de tener que establecer la soberanía ganada militarmente a costa de tanta sangre, y de tener que dirigir a todo un ejército de obreros, se daba el tiempo y la maña para aprender el idioma de los mapuches relegados o ahuyentados lo más distante posible de aquella modernidad en ciernes.

A los colonos que se avecindaban en La Frontera se les entregaba una yunta de bueyes, algunas cuantas tablas para que construyeran sus casas y unas pocas hectáreas, que tenían que ganarle a la selva para poder dejar espacio a las siembras. Llegaban en grupos de diverso origen y se iban ubicando sectorizadamente en distintos lugares de la región: los franceses en Lautaro, los alemanes en Temuco, etc.

Para algunos colonos, el clima tan poco indulgente, las duras condiciones de sobrevivencia, el pillaje incontrolado, fueron minando sus ímpetus y sus recursos.

Pero Mason no llegó a Temuco como un colono común y corriente. Estando por negocios en casa de la familia Candia Marverde, en Parral, y ya tomada la determinación de quedarse en Chile, enferma gravemente el jefe del hogar, por lo que hubo que buscar un sustituto. Sin embargo lo que debería ser una estadía un poco más larga de lo común, derivó en una estadía definitiva.

Detrás de las puertas, cuchicheando en los pasillos, las hermanas Micaela y Trinidad escuchaban la conversación del gringo con su padre, en donde el tono adusto parecía no dar ninguna esperanza de albergar al buenmozo, el que tenaz insistía en el lecho del enfermo sobre sus propósitos honestos con Micaela, a quien decía querer para formar un hogar. Finalmente debe haber primado la necesidad de la presencia de un hombre, en su situación algo desamparada, su condición reciente de viudo o la sensación del dolor de su corazón repartido por todo el cuerpo, que añoraba sus tierras de origen, lo que hizo que accediera a que Mason ocupara una pequeña cabaña aledaña a la casa principal.

Carlos, hombre de iniciativa y de independencia, paralelamente a su trabajo que suplía al del enfermo, empezó a sugerir a las hermanas

Candia y a un hermano bastante menor que ellas, sobre la necesidad de invertir en propiedades parte de la pequeña fortuna familiar, dado el precario estado de salud del jefe de hogar. Con la venia de éste, comienzan a comprar diversas propiedades y tierras en Parral.

Pese a todo, la vista de Mason estaba puesta en La Frontera, en las diversas ocupaciones en la construcción de la línea ferroviaria y en las posibilidades que sugería todo este desplazamiento de personas y de recursos, a pesar de que estaba claro para él que su futuro no podía ser el mismo que el de los obreros que estaban siendo contratados, muchos provenientes directamente de las cárceles, o de la guerra con Perú y Bolivia, recientemente terminada. Las grescas con o sin cuchillo eran cosa relativamente habitual, y muchos de ellos lucían en sus mejillas o en sus brazos largas cicatrices como emblema de su hombría.

Cuando era adolescente, frente a mi casa se enfrentaron en un duelo mortal dos jóvenes trabajadores de la feria ubicada frente a la estación ferroviaria. Recuerdo que a los primeros tajos, que hicieron saltar la sangre a borbotones, se escucharon gritos ahogados de pavor entre los espectadores. Yo estaba entre ellos, mirando desde la puerta de la panadería de mi padre esta riña enloquecida, gritando como los demás que se detuvieran. Alguien había ido a buscar un balde de agua y yo mismo, inconscientemente, había agarrado un palo, para intentar separarlos como se hace con los perros.

Sin embargo, ya todo era demasiado tarde: unas estocadas, más un corte espantoso en el rostro de uno de ellos, definió la pelea. Ensangrentado y bufando, el triunfador se dirigió con el cuchillo en la mano hacia donde estábamos uno de los grupos de observadores. Muchos se desplazaron rápidamente del lugar, para que no pareciera huida. Yo no lo hice porque reconocí en ese rostro desfigurado por la rabia y la fatiga, a un compañero de curso de mi infancia.

—Arranca, huevón— le dije. Ya vienen los pacos, los llamaron.

—Él fue el que empezó...— alcanzó a balbucearme, perdido en el viaje de regreso al sosiego, desde su bruma de alcohol.

El perdedor, arrimado a una muralla, desfalleciente, sintiendo los primeros síntomas de la agonía, tal vez como prolongación de la borrachera o del cansancio, de pronto se dio cuenta de cómo manaba de su rostro, de sus manos y de su cuerpo, una inmensa cantidad de sangre. En su desesperación, el infortunado recogía la sangre haciendo una vasija con sus dos manos y se la bebía.

Era un espectáculo aterrador. Recuerdo haber visto a personas vomitar, mientras el herido vacilante y confuso, se dirigía por la calle sin ningún destino y sin poder discutir con la muerte.

Por las mañanas, la estación de Temuco parece ser el sitio ideal para el sostenimiento de los gorriones: pequeños desperdicios y pocos transeúntes para interrumpir su desayuno. Luego llega ordenadamente el tren, ordenadamente los pasajeros se dirigen hacia sus hogares, se toman taxis, etc. Hacia el mediodía, todo es caos, lucha, sobrevivencia.

Destartalados buses traen por el mismo sector toda la población "flotante", vale decir los campesinos, casi todos mapuches pobres que vienen a vender sus verduras. Es un barrio de contradicciones totales: una distinguida dama se puede bajar de un Mercedes Benz a comprarle un paquete de cilantro a una pobre anciana mapuche en medio de la lluvia y el frío, y no sentir ni la más mínima vergüenza de regatear el precio con prepotencia: tratando de tú y hablando fuerte, como es estimado por muchos que debe tratarse a los mapuches.

Al liceo donde estudié, llegaron todas estas contradicciones. Muchos fueron profesionales, alcaldes o mendigos. El liceo llevaba en su alma el mismo espíritu solidario y amplio de acoger a todos los habitantes de Temuco y me parece que cuando el poeta Juvencio Valle o el propio Neruda se referían a él como un gran depósito de un sentimiento democrático innato, producto de la construcción alegre y solidaria de la ciudad, de alguna manera se estaban refiriendo también a este mundo vital de supervivencia, en el cual muchos quedaron en el camino como parte del mecanismo injusto para que otros siguiéramos nuestras sendas.

A medida que la salud del padre de Micaela y Trinidad continuaba deteriorándose, la presencia de Mason se hizo definitiva en la casa que le albergaba, ya como un miembro más de la casa principal.

Luego de la muerte del señor Candia, el jefe de ese hogar desmantelado pasó a ser Carlos Mason. El duelo fue virtualmente aplastado por el entusiasmo de este hombre emprendedor, que muy poco tiempo después del fallecimiento ya había contraído matrimonio con Micaela, con el beneplácito de Trinidad quien todavía era una niña. En verdad, sólo haber estado junto al lecho de muerte acompañando, dando ánimos y siendo útil en momentos tan difíciles, lo había coronado de la confianza y el afecto de todos. Al señor Candia, con su soledad y dolor de viudo y sin más familia que sus dos hijas adolescentes, no le quedó más remedio que aceptar el gesto generoso del recién llegado y sentir hacia él una enorme gratitud antes de emprender el viaje definitivo.

Pero el sentido práctico del gringo, no obstante, le permitía situarse a la altura de las circunstancias: las propiedades fueron vendidas y repartidas equitativamente entre todos los hermanos. Con el dinero recibido en esta herencia por su mujer, compraron varias propiedades en Temuco, ubicadas todas cerca de la estación de ferrocarriles que empezaba a construirse en la ciudad recién fundada. En estas propiedades fueron naciendo diversos negocios, pero fundamentalmente una pensión para viajeros de bolsillos no muy abundantes, en una ciudad que todavía no contaba con ninguna infraestructura hotelera. Al poco tiempo instalaron, además, baños públicos.

A esta posada llegaba a visitarlo su joven amigo de Parral, el que se debatía en su búsqueda de progreso moviéndose desde Talcahuano hasta el fundo de sus padres en un ir y venir, en un flujo y reflujo de iniciativas truncas y perentorias órdenes paternas. Fue como si no pasase el tiempo, con el detalle de que uno había logrado cierta prosperidad y el otro seguía sumido en la miseria y en los sueños.

—Cada cual es el arquitecto de su propio destino— le decía Mason.

—Yo te puedo conseguir un buen trabajo en ferrocarriles, todos los jefes llegan a dormir aquí— le insistía al dubitativo parralino.

José del Carmen, con poco más de veinte años, en verdad había encontrado en Carlos Mason un confidente. Él fue el primero

en enterarse de que el fundo Belén era un sitio demasiado pequeño para sostener los sueños de su joven amigo.

En una de aquellas visitas, la urgencia de sus veinte años, sumada a la necesidad de humanizar la lluvia interminable, el lodo
de las calles o el tráfago de gente construyendo frenética una especie de nuevo mundo, hizo brotar desde las simples e inocentes
miradas y conversaciones con Trinidad, la cuñada de su amigo,
una ternura desde la cual estalló una pasión incontrolada.

Por la madrugada, ya la lluvia y la pasión habían cesado. José
del Carmen y Trinidad, entre avergonzados y satisfechos, cogieron
sus ropas en silencio y se cubrieron. No hubo promesas de amor,
sólo algunas miradas cómplices, incapaces de llamar la atención
del dueño de casa.

Lo que resultó imposible ocultar, luego de algunos meses, fue
el vientre de Trinidad, que resignada tuvo que aceptar la reprimen-
da de su hermana y de su cuñado.

José del Carmen, en viaje de emergencia y temiendo que la
noticia llegara a oídos de su padre, llegó prontamente a Temuco.
Había traicionado la confianza de su amigo y confidente y llegaba
el momento de dar la cara.

En las deliberaciones Trinidad no tomó parte. Una especie de
fastidioso cansancio rondaba la mente de los amantes.

Todo era bastante delicado, pero no lo bastante como para
hablar de matrimonio. La peor parte se la llevó Trinidad, quien
tuvo que aceptar que el nacimiento de su hijo fuera lo suficiente-
mente lejos de Temuco para no propiciar habladurías.

Casi en la primavera de 1895 nació Rodolfo Reyes Candia, quien
jamás sería un primogénito de verdad, sino una especie de obligado sucedáneo del destino.

Una de las mujeres que ofició de partera fue la encargada de
criarlo y de amamantarlo en Coipúe, en la ribera del río Toltén.
Doña Ester no necesitó conocer la escritura para enseñarle el canto
de las aves y el lenguaje de los ríos. Rodolfo de ella aprendió la
dulzura. De sus padres la distancia y la ausencia.

Conocí al abuelo Rodolfo tardíamente. Antes era una especie de mito perdido en un lugar sin rostro: desde hace mucho tiempo los provincianos se dividen en dos categorías, los que conocen Santiago y los que no la conocen. Mi padre nos llevó a conocer la capital siendo niños, alojados en un departamentito de ferrocarriles que era como una casa de juguete, y mi madre haciendo lo imposible por mantenernos quietos. No existe un viaje en mis primeros recuerdos de infancia que reúna tal cantidad de emociones juntas. El olor del humo de la locomotora, el dormirse amontonados en las pequeñas literas, el llegar medio aturdidos de sueño sintiendo el ruido de la gran ciudad que nuestros apacibles oídos provincianos no estaban acostumbrados a oír. Todo es como un afectuoso relato que alguien me hubiera contado.

Luego nos alojamos en la casa del tío Pablo, La Chascona, deshabitada temporalmente mientras sus moradores se encontraban en Europa, y el primer encuentro con el azul. El azul estaba en los pájaros dibujados en una puerta, en un pequeño puente que cruzaba el canal, en los ruidosos papagayos que a cierta hora se arrancaban de su jaula para ir a visitar a sus parientes en el zoológico ubicado un poco más arriba en el cerro San Cristóbal. Por mucho tiempo me ha acompañado el recuerdo de aquel azul, que algo movió dentro de mí .

Mi abuelo Rodolfo vivía en el otro extremo de Santiago, en un barrio pobre, en la comuna de La Granja. Separado de mi abuela en la adolescencia de mi padre, se habían visto sólo ocasionalmente. Muchos años después, separado nuevamente de su señora y de sus hijos, llegó a vivir con nosotros en Temuco.

Mi abuelo era tan bondadoso como inútil, fácil de lágrimas, y extraordinario de voz. Era simplemente Rodo, un compinche nuestro que nos acompañaba en nuestras primeras correrías con el sexo opuesto.

Rodo decía que a veces se sorprendía de ver su rostro en el espejo. No estaba de acuerdo con lo que sentía su alma tan llena de juventud.

Mi abuelo fue uno de los pocos ciclistas que recorrió el brutal raid entre Temuco y Valparaíso. Y existía un inmenso diploma que así lo acreditaba.

Nos contaba que no había usado zapatos hasta los doce o trece años. El resto de la historia jamás nos fue revelado.

Nunca pudo mi abuelo hacer nada bien y existía un dolor y resentimiento que había que deducirlo de su dulce sonrisa y su bondad. Pero desde esa negación de sí mismo, desde esa falta de expresión de un mundo que no pudo desarrollar, nos dejó la gran lección de sentirnos breves en este pequeño intervalo entre dos silencios llamado vida.

El 29 de agosto de 1899, en el periódico *La Democracia* de Parral, apareció consignada la noticia del traslado de doña Rosa Neftalí Basoalto Opazo desde la Escuela N°2 a la Escuela N° 1 aduciendo motivos de salud. La Escuela N°2 estaba en pleno campo, lo que además de motivos médicos, no estaba de acuerdo para una dama, hija de una familia que gozaba de prestigio y que por diversas razones aparecía frecuentemente mencionada en la prensa: algunas conferencias, obras de beneficio social, etc.

No obstante el hecho de ser conocida y de desplazarse por los estratos medios y altos de la sociedad parralina, no le habían servido para encontrar un marido. Nacida en 1865, ya sobre los treinta y cinco años, el asunto le comenzaba a inquietar aunque no perdiera la compostura ni la dignidad. Tal vez era su carácter reservado, sumado a su discreta belleza física, lo que no llamara la atención a los eventuales galanes.

Pero un joven de ojos azules, de tez levemente morena y de estatura media, que solía frecuentar algunos de sus mismos círculos sociales, empezó a cortejarla sin disimulo.

El asunto se remontaba a varios años, pero José del Carmen con cinco o seis años menos que ella y con una situación económica algo incierta no había asumido sus reales posibilidades como galán ante Rosa Neftalí. Sus frecuentes viajes a Talcahuano y la evidente atracción que ejercía el puerto y una de las hijas de la pensión en donde ya habitualmente se alojaba, constituían otro foco de debilidad que inhibía alguna determinación, algún grado de audacia mayor para decidirse a dar los pasos necesarios en la conquista de la profesora.

Rosa Neftalí no era una mujer hermosa, pero había en ella algo doloroso y dulce que hacía fluir de las zonas más oscuras de su ser una atracción. Era tal vez cierta asociación con la imagen materna, el recuerdo o los relatos acerca de Natalia, los negros ojos de su madre vistos en la vieja fotografía descolgada del salón y su memoria , o esa mirada quieta, llena de sosiego, con la cualidad de mirar hacia adentro, como ausente, llena del misterioso silencio que la rodeaba.

Rosa Neftalí Basoalto Opazo, madre de Neruda.

Sobreponiéndose a críticas de diverso orden, sobre todo las referidas a la diferencia de edad y social, José del Carmen Reyes Morales, de 32 años, y Rosa Neftalí Basoalto Opazo, de 38 años, enmudecidos por la magia del amor, contrajeron matrimonio un día de otoño de 1903.

El día 12 de julio de 1904 nace Neftalí Ricardo Eliecer Reyes Basoalto, para quien el destino reiteraría una vez más la marca de Caín, la cuota de silencio que le acompañaría toda la vida: Neftalí sólo recordaba los ojos de su madre por un viejo retrato vencido por el tiempo.

El 14 de septiembre, a escasos dos meses del nacimiento de su hijo, José del Carmen volvía a transmitir al recién nacido el rito no recordado, transmitido a la vez en su propio nacimiento a la hora del crepúsculo por su padre. Vida y muerte hermanadas simbólicamente en una mezcla justa de sal y agua, azotando como olas invisibles, cuyo estrepitar resonaba en el corazón de José del Carmen y se transmitía al recién nacido, esperando, mirando cómo se despliega la bandera del nuevo día con la criatura dormida apaciblemente entre sus brazos.

A pesar de heredar de su padre cierta fortaleza física y emocional, y de su determinación de no dejarse abatir por las circunstancias, la muerte de su esposa le afectó tremendamente. El matrimonio vivía casi en el centro de la ciudad de Parral, en la calle San Diego y desde ahí en rápidos arreglos se trasladó el viudo con su hijo hasta el fundo Belén.

Nuevamente Encarnación Parada tenía el valor y la fortaleza de enfrentarse con la muerte con una dosis de vida y de esperanza . Ella había encontrado una solución práctica para alimentar a la criatura: buscando entre las campesinas que estuviesen amamantando se encontró con la señora María Luisa Leiva, cuyos abundantes y generosos pechos eran capaces de saciar el hambre de su hijo y la del pequeño y desamparado Neftalí.

A los pocos meses, José del Carmen entendió que el mejor antídoto para el dolor era la distancia. Emprendió entonces un viaje aturdidor hacia Argentina cuando todavía los pasos cordilleranos no terminan de derretir sus nieves y se muestran poco indulgentes al desplazamiento. Poco tiempo aguanta en la nación trasandina y alrededor de marzo de 1905 ya está de vuelta, sin ningún peso en los bolsillos pero sin el sentimiento de derrota y abatimiento que le doblegaba.

Se dirige entonces, con el emblema de su viudez cosido en una de las solapas, a sus labores habituales y esporádicas como obrero en el dique de Talcahuano. Se aloja en la misma pensión de las hermanas Tolrá, y permanece trabajando sin descanso por períodos cada vez más largos para aliviar el dolor de su alma. Entre estos períodos se da el tiempo para visitar a su hijito y a sus padres.

Por las noches a veces se queda hablando largamente con Aurelia, una de las hermanas propietarias de la pensión, y siente que la distancia y el trabajo no son el único medio para aliviar las penas. Siente la necesidad de abrir su corazón y Aurelia se transforma en su confidente y amiga.

Pronto ya puede volver a razonar con mayor claridad. Vuelve sus ojos hacia Temuco en donde está su hijo Rodolfo, a quien hace ya un tiempo que no ve y por el que nunca sintió más que el afecto obligado de un padre que no esperaba paternidad.

Desde el nacimiento de Rodolfo ya habían transcurrido cerca de diez años y desde la muerte de su mujer un poco más de un año. Es la propia Aurelia, su amiga querida, la que le aconseja una visita a Temuco.

En verdad nunca ha estado desvinculado del todo de Temuco. Ha sido un padre algo ausente, pero no completamente distante. Mediante correspondencia o mensajeros se ha preocupado de mantener contacto con Carlos Mason y con Trinidad. Con ella tiene una conversación directa y franca. Es la ocasión para normalizar la situación y tratar de constituir un hogar dadas las circunstancias. Trinidad acepta con la actitud más notoria de su carácter: una dulce resignación.

Han transcurrido dos años de la muerte de Rosa Neftalí y se hace coincidir el matrimonio de estricta formalidad con la llegada del pequeño Neftalí desde los brazos de su abuelastra en el fundo Belén, directamente hasta los brazos de Trinidad, quien lo recibe como suyo, como a su Rodolfo tan cercano geográficamente, pero tan distante por los prejuicios sociales.

Siempre que podía, el tío Pablo se aparecía por Temuco. Sólo alcanzo a recordarlo junto a Matilde, aunque mi padre y mi abuela lo recordaran con María Antonieta Haaggenar y luego con "La Hormiguita", Delia del Carril. En todos estos viajes, casi siempre esporádicos, indefectiblemente visitaba la vieja casa donde vivía mi abuela Teresa Toledo Contreras, fallecida en 1991.

Era como un recorrido ritual que generalmente cubría con alguno de mis hermanos, conversando cualquier tontería o llevándonos de la mano en silencio. La casa de mi padre era colindante con la de mi abuela e incluso se comunicaban por los patios interiores.

Mi abuela decía que la casa nunca había sufrido grandes modificaciones desde los tiempos en que vivían sus suegros. Había un sector en que notoriamente se podía advertir la existencia de una antigua escala hacia un segundo piso.

—La pieza de Pablo estaba en el segundo piso, mirando hacia el patio, hacia donde están ubicadas las lilas— me decía mi abuela.

—Luego del incendio se eliminó el segundo piso— agregaba.

Yo sabía, además, que la pieza de José del Carmen y Trinidad estaba en la entrada, al igual que el gran comedor que se transformó en el almacén La Llave, mencionado por Pablo en sus obras.

Entre esos patios y esas casas nos criamos, bastante ausentes y lejanos a las historias que guardaban y que no obstante fueron transmitidas poco a poco entre mates y muertes que inevitablemente fueron llegando a esta rama de mi familia. Mucho más ausentes estábamos de famas o anonimatos de los familiares.

Me contaba mi abuela que ella tenía una foto de Rosa Neftalí y que en una oportunidad Pablo se la había pedido y después ya no se la había regresado.

De cuando en cuando se cambiaban algunas tablas de esta casa o se agregaban algunas mediaguas como gallineros o carboneras o se reparaba la estructura que sostenía a un parrón cuando estaba apolillada, donde a veces comíamos los domingos.

Luego de la muerte de mi tía Cristina, una media hermana de mi padre, yo sentía mucho miedo de acercarme a ese patio. Tendría unos doce años y Pablo andaba de visita en Temuco con Matilde y Margarita Aguirre.

Margarita recuerda en su biografía que estaban cenando en un hotel cuando alguien le avisa discretamente a mi padre de la muerte de mi tía. Guardó silencio por un instante, sus ojos se llenaron de lágrimas y luego exclamó alzando su copa en señal de brindis:

—¡Viva la vida! ¡Viva la muerte! respondiendo el brindis en silencio mi tío Pablo, Matilde, Margarita, mi madre y algunos otros contertulios.

Todos estos viajes de José del Carmen entre Talcahuano, Temuco y Parral, toda la determinación que significó comunicar a su padre y a su madrastra su voluntad de llevarse consigo a la pequeña criatura, con el agregado de que existía otro hijo suyo nacido de las visitas a Mason en Temuco, fue un proceso corto, lleno de violentas discusiones, que fueron mermando por resignación más que por conciliación. Don José Ángel, por otra parte, no podía negar que él mismo no había sido de los trigos muy limpios, así es que pronto encontró alguna explicación bíblica que se ajustara a las circunstancias y el asunto se dio por superado.

Su amigo Carlos Mason, como tantas veces le había prometido, le había conseguido un buen trabajo en los ferrocarriles en Temuco y, por primera vez en mucho tiempo, podría gozar de cierta estabilidad.

En un primer momento el matrimonio se instaló en casa de los Mason, pero pronto el corazón generoso del gringo les proveyó a los recién casados de una propiedad contigua y una pequeña panadería, que comunicaba su patio con los patios de otros parientes y vecinos, a cincuenta metros de la estación de Temuco. No pasaron muchos años para que esta propiedad pasara a manos de los Reyes Candia, pagando por ella un precio deducido más bien por el afecto que por consideraciones comerciales.

Luego de algunos años definitivamente ascendió a conductor de tren lastrero, cargo que le venía bien por su garbo y su don de mando. En este tren empezó a recorrer los nuevos ramales que iban bifurcándose de la línea central norte-sur llevando ripio o gravilla para el sostenimiento o mantención de los durmientes, debilitados por las lluvias o por los deshielos que aumentaban el curso de los ríos.

A pocos meses de instalado en Temuco, fue a visitar a su hijo Rodolfo a Coipúe. Quiso hacerlo solo, y Trinidad, como tantas veces, aceptó sumisa y dolida.

Fue una reunión de dos desconocidos. Él transformado en un elegante señor, como era la vestimenta de los conductores, y el niño sonriente y alegre que no entendía nada lo que pasaba.

—Rodolfito, venga a saludar a su papá— le dijo la mujer que le había criado. El niño retrocedió desconfiado de este señor que lo miraba también igualmente desconfiado. No podía ser su hijo este pequeño salvaje descalzo, aunque esos ojos azules fueran los suyos y fueran suyos los innegables rasgos de su rostro.

1920, septiembre 27
Rodolfo Reyes Candia,
hermano mayor de Neruda
en Temuco.
En el reverso dedica esta foto
a su hermana Laura.

Libreta de familia
de 1920,
cuando se celebró
el matrimonio
de su hermano.
Mediante
este documento
se puede
constatar que
Rodolfo Reyes
es el hermano
mayor
de Neruda.

El primer encuentro terminó abruptamente con la huida a campo traviesa del pequeño, como una liebre perseguida, sin que hubiera amenaza ni orden que pudiera detenerlo de escapar de la presencia de ese señor que tanto le había atemorizado. En el bosque se sentía como en su casa y nadie logró moverlo de ahí hasta estar seguro que el caballero ya se había retirado.

A José del Carmen este encuentro más que tristeza le produjo una gran preocupación y acordó con la señora Ester, que criaba al niño por encargo, que las visitas se harían más frecuentes para ir acostumbrando de poco al niño a la idea de que tendría en el futuro que reunirse con la familia que estaba constituyendo.

Un día que estábamos reunidos con mis hermanos, Rodo nos preguntó seriamente si acaso alguna vez habíamos visto un puma. Desde luego, nuestra respuesta fue negativa. Pero él, en cambio, que frecuentemente echaba todo a la broma, se puso sumamente serio y nos contó que una vez se había encontrado frente a frente con un puma. Había terror en el relato, pese a nuestras carcajadas y a los palmetazos que solíamos darle en la frente cuando conversábamos.

Luego de mucho insistirle nos dijo con una mueca de dolor que él había vivido mucho tiempo en Coipúe sin dar mayores razones, que por lo demás poco nos importaban. Entonces recobraba su ánimo y empezaba a contarnos lo feliz que había sido en esa etapa de su vida.

Muchas veces nos dio muestras de su estado físico, acompañándonos al estadio a trotar. Otras caminaba sobre las piedras sin sufrir ni un rasguño. Era un anciano fuerte, muy deportista, cuya formación física la determinó esta relación con un medio agreste.

Rodolfo aprendió a nadar en el poderoso río Toltén, que en Coipúe se desliza entre la vegetación como una serpiente enorme y acéfala.

Los viajes a la tierra de origen del conductor Reyes eran cosa frecuente. Había para ellos diversos pretextos, muy razonables unos y muy dudosos otros. Pero lo cierto era que detrás de este hombre autoritario, que difícilmente abría su corazón, había una sombra que aparecía y desaparecía. A veces era una figura femenina caminando por la calle, casi idéntica a su amada Rosa Neftalí, otras era una presencia que asediaba sus sueños desde donde salía sollozante y desesperado. Trinidad sabía que las heridas de su esposo no habían cicatrizado.

No existía en el matrimonio lo que pudiera llamarse amor, pero había una solidaridad que solidificaba la relación y hacía soportable y llevadera la vida.

En su recorrido por las silenciosas calles de Parral siempre había un destino inevitable: el cementerio, en donde dejaba pasar un tiempo sin tiempo para que el corazón de nuevo ocupara un sitio en su ser, sin sobrepasarlo, sin obnubilarlo. Luego se dirigía al fundo Belén, casi siempre caminando y disfrutando en la añoranza los lugares donde creció y amó. Estos reencuentros con los suyos, con lo suyo, le hacían bien y volvía fortalecido y alegre a Temuco.

Pero había otra ruta alternativa en estos alejamientos ferroviarios, que ya no sorprendían a Trinidad. Tenían por destino Talcahuano, donde su querida amiga Aurelia.

Bien distante debía quedar el hogar de Juan Tolrá y Tránsito Cantos de las polvorientas calles de Hualpencillo en Talcahuano. Me lo constata el recorrido en micro hasta la casa de Emelina Aguayo, única descendiente directa que recuerda aquellos días en que su madre, sus tías y su abuela habían habilitado como pensión o posada, parte de la casa. Los pensionistas eran gentes que trabajaban en distintas ocupaciones en el puerto de Talcahuano y quizás si Hualpencillo haya estado un poco a trasmano.

La señora Emelina, hija de Aurelia Tolrá, me cuenta que la pensión era atendida por las tres hijas del matrimonio y su abuela: la propia Aurelia, Ana y Elisea y estaba ubicada a unas pocas cuadras del puerto. El negocio ideado por la urgencia de recursos surgida tras la muerte de don Juan Tolrá y como medida circunstancial, fue formando parte definitiva de la adaptación a la idiosincrasia chilena del grupo familiar, de origen catalán y delatado notoriamente por su acento.

Tal vez nada del Talcahuano de entonces se pueda encontrar en la ciudad hedionda y sobreindustrializada que existe en la actualidad. Sin embargo las mismas olas, las mismas mareas, sólo que ahora cargando una pestilente capa de aceite y basuras, azotan los diques con negros pájaros muertos y pescados deshaciéndose en el agua, ya olvidados de nadar.

El mismo ruido del agua debe haber sido el que escuchó en los atardeceres el joven José del Carmen, tal vez caminando por la costa al lado de su entrañable y atractiva amiga Aurelia —todavía una adolescente— mirando ritualmente la puesta de sol cada vez que permanecía trabajando en el puerto en sus años veinte, cuando empezaba a buscar afanosamente su propio destino distante de la tutela paternal. Desde entonces la amistad surgida se veía fortalecida con cada reencuentro,

Aurelia Tolrá, madre de Laura Reyes. Este hecho se ocultó hasta la muerte de todos los protagonistas.

que son admitidos con una alta dosis de pudor por doña Emelina Aguayo. En algún momento ella algo escuchó, pero debe haber sido increpada duramente para no hablar del tema, tal vez por el fuerte condicionamiento ejercido por una sociedad que no admitía la existencia real de todas aquellas relaciones que no estuvieran amparadas por papeles debidamente protocolizados.

Lo cierto es que entre José del Carmen y Aurelia no existió nada más que una profunda amistad en los primeros años. Aurelia supo del nacimiento de Rodolfo, el de Neftalí, y luego, de la inesperada muerte de Rosa Neftalí. Ella misma le había aconsejado de todo corazón que lo mejor que podía hacer era estructurar una familia al lado de Trinidad y así juntar a sus dos hijos, el ausente Rodolfo y el todavía indefenso Neftalí.

Se puede deducir los alcances del pudor de la señora Emelina: Aurelia plena de juventud y su amigo, ya advertidos por el tutelaje

familiar de que no es bueno que la gente los vea juntos; una amistad sincera trastocada, transmutada, en algo que ninguno de los dos quiere admitir; la presencia un tanto distante y reiterativa de José del Carmen desde Temuco con razones bien poco admisibles. Es una historia que todos desearon olvidar, sobre todo después del matrimonio de su madre con don Gregorio Aguayo y que ella como hermana mayor tenía el deber autoimpuesto de promover entre sus ocho hermanos, por los convencionalismos no escritos pero muy presentes en las normas de existencia de la sociedad de entonces.

Gregorio Aguayo, esposo de Aurelia Tolrá luego de ser imposible materializar su relación con José del Carmen Reyes Morales.

Desde que José del Carmen se había casado con Trinidad en 1906 había pasado apenas un año. Ya se había incorporado al nuevo hogar, con algunas dificultades, a su hijo Rodolfo, convertido en un pequeño semi salvaje de doce o trece años. Neftalí ya tenía alrededor de tres años.

La señora Emelina calla cuando hablamos tal vez del secreto que más tiempo ha cargado en sus ochenta años. Una vergüenza quiere habitar la habitación en donde es compartido el pan y el café. Le miro fijamente a los ojos para que vea que dentro de mis ojos no se esconde ningun propósito que pueda dañar el orden que nos rodea. Sólo pueden existir seres que nos miren desde el otro mundo.

José del Carmen en sus cuarenta años era un hombre bastante atractivo y lleno de cierta dignidad que le hacía parecer como hombre poseedor de fortuna. Hacía cerca de veinte años que había visto la maravillosa transformación de la otrora imberbe muchacha en la atractiva mujer en que se transformó Aurelia. Seguramente la joven, hipnotizada por los ojos azules de mi bisabuelo y la amistad que en algún momento difuminó sus fronteras, se dejó arrastrar por una seducción que nadie habría calculado.

Una noche cualquiera la pequeña catalana de grandes ojos y de figura frágil, entró resueltamente al dormitorio donde se alojaba su amigo. La luz de la luna llena que pasaba por una ventana que miraba al puerto dejó ver su breve cintura, sus pequeños pechos erguidos, la delicada y resuelta magnitud de su belleza, antes de subirse llena de sigilo al lecho, a horcajadas cabalgando al apuesto amigo que desataba en ella una tempestad parecida a la furia y que hacía saltar un relámpago y un trueno en su cuerpo y en su corazón, refugiada en la complicidad de la noche de Talcahuano, mientras todos dormían salvo los amantes fustigados de pasión desbordada.

La pequeña catalana tuvo que pagar su pecado alejándose de su familia por varios años. Al reproche le fue siguiendo cierta solidaridad económica que, sumada a la ayuda que periódicamente se encargaba de hacer llegar José del Carmen, fue haciendo bastante llevadera la vida. El sitio escogido para el nacimiento de la criatura fue San Rosendo, en donde para entonar el presupuesto Aurelia siguió con la tradición familiar: una pensión. A ella llegaba muy frecuentemente José del Carmen, por motivos ferroviarios y amorosos amalgamados en dirección norte-sur, igual que la línea férrea que une a Temuco y San Rosendo.

Esta relación de alguna forma correspondía a cierta tradición ferroviaria, seguramente emulada de la tradición portuaria, de tener una mujer en cada puerto. Era un secreto a voces entre los amigos, que en chistes un poco crípticos distinguían y reforzaban cierto convencimiento de la primacía del género masculino, sobre todo cuando las conversaciones eran acompañadas de abundante vino.

Trinidad, la dulce silenciosa, nunca supo o no quiso saber de esta relación. Como un ánima se desplazaba por la casa prodigando amor al pequeño Neftalí y a Rodolfo, quien siempre tuvo una especie de resentimiento e interrogantes que nunca fueron respondidas en relación a los motivos por los que nunca fue criado cerca de su madre. Era un hogar cargado de silencios y violencias, de pasiones descontroladas y de culpabilidades en donde la única posibilidad de sobrevivencia emocional era el callar. Trinidad podía adivinar el pito de la locomotora que su marido tocaba al llegar por las madrugadas, y sin cuestionarse, sin pereza, se ponía de pie para cumplir con diligencia su labor de esposa: sin embargo no se imaginaba a sí misma fuera del ámbito familiar. La independencia era algo que estaba fuera de su comprensión.

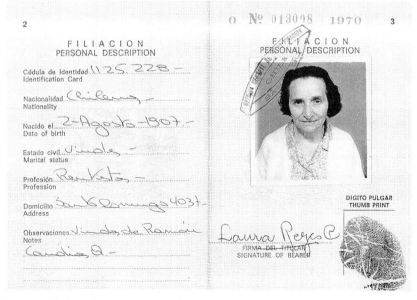

Pasaporte de Laura Reyes, hermana del poeta.

La pequeña Laura, mientras tanto, permaneció en el anonimato de San Rosendo criándose entre los ires y venires de su padre.

—Anda trabajando— era la respuesta que Aurelia le daba cuando la pequeña preguntaba por su padre. Y Laurita ya entendía que el trabajo de su padre era algo diferente que el de sus amiguitas.

Pasados algunos años, la pasión, el encanto de los encuentros furtivos, fueron dando paso al hastío. Recriminaciones, promesas no cumplidas y la necesidad de tomar determinaciones fueron poniendo entre la espada y la pared a José del Carmen. Fueron determinantes para ello la juventud de Aurelia, quien quería para sí algún futuro no tan incierto, y la determinación de su carácter, que no tenía relación con su aspecto menudo y frágil.

Un día en que los amantes se encontraban con la serenidad requerida para encontrar una solución a sus diferencias, discutieron la posibilidad de que Laura pudiera ser criada por Trinidad y adoptada legalmente.

Libreta de familia de Laura Reyes
y su esposo Ramón Candia.

Apenas llegado a Temuco, José del Carmen se infundió valor bebiéndose un par de copas de aguardiente y enfrentó la conversación, más bien la determinación, con su esposa, quien para su sorpresa no lo recriminó ni puso el grito en el cielo. Por el contrario, era como si todo lo supiese de antemano.

Terminada la conversación siguió haciendo sus labores sin una lágrima en los ojos, hundiéndose, refugiándose en ese silencio desde el que manaba una indescriptible ternura y un misterio insondable.

Matilde Urrutia me relató una vez en Isla Negra del intento que hizo el tío Pablo con la tía Laura, para conversar amigablemente de lo ocurrido hacía ya tantos años en la familia. Todos ya estaban muertos y por lo demás la reserva ya carecía totalmente de sentido. Decía Matilde que ella se retiró discretamente para dejar solos a los hermanos, advertida naturalmente por Pablo del propósito de dilucidar algunas cosas, ya sea por motivos poéticos o por simple curiosidad.

Sin embargo la conversación tuvo que ser interrumpida bruscamente por el llanto de Laura, quien como una niña herida, indefensa, corrió a refugiarse en su cuarto. El asunto nunca más se tocó y Pablo se sintió tremendamente dolido de haber provocado un dolor en su hermanita querida, en su confidente de infancia.

Mi tía Anita Reyes Mason, prima de ambos, quien fuera secretaria del tío Pablo, conocedora de este secreto de la familia, nunca habló el tema con Laura, seguramente consciente de que era algo que podría provocar daño. Sin embargo el secreto no era tal y los desplazamientos de tía Laura para visitar a su madre y sus hermanos, eran conocidos por todos.

Yo conocí a la señora Aurelia en casa de Teresa Toledo, mi abuela paterna en Temuco y naturalmente nunca nadie me explicó a qué obedecía la generosidad con que la tía Laura le prodigaba obsequios a esta señora que no era un familiar directo.

Poco antes de la muerte de mi abuela, pude saber la verdad. Sólo entonces percibí plenamente los dolores con que se fue armando la familia Reyes, mi familia, cuyas contradicciones tan tremendas todavía están presentes en las generaciones que seguimos.

La señora Aurelia era una mujer menuda y frágil. Tomábamos mate cuando mi abuela estaba de humor para aceptarnos en la mesa, en la misma casa que por años ocuparan mis bisabuelos, don José del Carmen Reyes, doña Trinidad Candia y sus hijos. Su voz ya no tenía ningún acento extranjero.

De madrugada llegaron a San Rosendo, desde Temuco, don José del Carmen con el pequeño. El destino, desconocido por el niño, en cambio para su padre era muy preciso, como lo era también el motivo.

Rodolfo, que ya asistía a los primeros años del liceo, se quedó en Temuco acompañando a su madre y ayudando en las labores de casa.

Pese a que estaba de noche y que llovía copiosamente, el conductor pudo ubicar fácilmente la casa entre las callejuelas llenas de lodo, arrastrando a su pequeño hijo envuelto en varias capas de ropas que le aseguraban su salud.

Aurelia desvistió al niño somnoliento y lo llevó donde una pequeña y flacuchenta niña que, oculta tras las sábanas, sólo dejaba ver sus ojos, asustada. La señora hablaba con un acento extraño. El frío y la curiosidad impedían a Neftalí quedarse dormido. Pero dentro de la cama, al lado de la niña que su padre le explicó es su hermanita, comenzó a entibiarse: antes de que ambos cerraran los ojos, una mínima sonrisa que

1927, julio
Trinidad Candia Marverde, madrastra de Neruda.

quería abrirse con
fuerza en los corazo-
nes, se dibujó cómpli-
ce con el dulce ama-
necer que empezaba
a bostezar en San
Rosendo en medio de
cantos de gallos que
podían oírse extraor-
dinariamente nítidos
luego de la lluvia.

El viaje de regreso,
con una carga de
pena difícilmente con-
tenida, con los ecos
de los llantos desga-
rrados por la separa-
ción, sólo tenía el res-
piro que otorgaba la
distracción por algún
objeto raro salido de

1928, abril.
Laura Reyes Candia,
hermana del poeta.

los bolsillos de Neftalí, con el propósito de consolar a su nueva
hermanita.

En Temuco los aguardaba Trinidad, con su cuota de ternura, a
la que Laurita como una liebre herida rehuiría, mientras que Rodolfo,
transformado en casi un adolescente, miraría receloso desde el
patio a cierta distancia.

2
El Mar Temido[3]

[3]El título del capítulo está tomado del poema "Nocturno",
del libro póstumo *El Río Invisible,* recopilación hecha por Matilde Neruda.
El texto antes de aparecer publicado en este libro aparecía en un cuaderno manuscrito
que mantenía su hermana Laura Reyes
y está fechado en Temuco el 18 de abril de 1918.

s de noche, medito triste y solo
a la luz de una vela titilante
y pienso en la alegría y en el dolo,
en la vejez canosa,
y en la juventud gallarda y arrogante.

Pienso en el mar, quizás porque en mi oído
siento el tropel bravío de las olas:
estoy muy lejos de ese mar temido...[4]

1923. En esta fotografía
el año, la firma y la dedicatoria
casi ilegible,
son de Neruda.

[4]Fragmento de el poema "Nocturno"
de *El Río Invisible*.

Cabalgando un poco hacia el sur de Puerto Saavedra, antes que subiera la marea, se podía llegar hasta el esqueleto metálico del *Flandes*, enorme buque de carga varado desde comienzos de siglo. Dentro de él porfiados moluscos y algunos percebes intentaban establecer su morada.

El caballo, algo asustado al principio por el ruido del oleaje, se negaba a entrar en la semipenumbra por el boquete dejado por el impacto, abriendo desmesuradamente sus grandes ojos y bufando. Luego las palabras tranquilizadoras del jinete y la vista ya habituada a menos luz permitían el obligado paseo, mezcla de placer y temor, por el abdomen del buque carcomido por la sal.

El chapoteo de las patas del animal indicaba el momento de retirarse desde la inerme y vencida catedral de escombros: empezaba a subir lentamente la marea. Luego, desmontado de la cabalgadura y sentado en la arena podía divisar cómo lentamente el sol, mientras se hundía en el horizonte, dejaba pasar algunos afectuosos rayos naranjos entre el armazón del otrora espléndido barco.

Muchos días después de ocurrido el naufragio, las autoridades pertinentes alertadas tras la lenta comunicación fluvial de aquellos días, al llegar al sitio dieron cuenta del hecho consumado de un sistemático y alegre saqueo por parte de los campesinos y mapuches del lugar. Al fin de cuentas lo ocurrido era una especie de regalo, ya que los marinos sobrevivientes en lo único que pensaban, fuera del deseo de volver cuanto antes a sus países de origen, era en la bendición de haber salido vivos de la tragedia. Por días una caravana de risueños y espontáneos asaltantes cargaban las mercaderías y los muebles del navío perdiéndose por la playa infinita.

Para José del Carmen Reyes y Horacio Pacheco Reuch, amigos
y compadres desde hacía años, el recorrido a caballo por las pla-
yas aledañas a Puerto Saavedra era cosa corriente. Distante quedaba el griterío de los niños que, a medida que avanzaba el crepúsculo, empezaba a disminuir.

Por su parte Trinidad Candia y Prosperina Oyarzún, se encarga-
ban de poner en su sitio el descalabro dejado por la pandilla
descontrolada. Los Pacheco aportando con Horacio, Maruja, Irma,
Arturo, Fresia, Delmi y Luis, y los Reyes con Rodolfo, Neftalí y
Laura.

El atardecer era el momento propicio para conversar del mundo que les habitaba: Pacheco y Reyes coincidían, mirando cómo el
sol se hundía en el Pacífico, en que Puerto Saavedra se convertiría
en el primer puerto de Chile cuando se dragara la desembocadura
del río Imperial, se señalara la entrada por un gran faro y las compañías aseguradoras volvieran a atreverse a asegurar las naves que
se aventuraran río adentro. Sería entonces cuando los barcos en-
trarían como antes hasta Carahue y la línea ferroviaria incluso se
prolongaría hasta el mismísimo Puerto Saavedra.

Una bruma azul envuelve las colinas de Carahue. Allá abajo la
ciudad azul parpadea y se repliega. Ya los pájaros niegan desde
sus sueños al vuelo: tal vez sólo les aterre la mirada rapaz y ham-
brienta de la noche que todo lo confunde y magnifica. De sueños
somos y en sueños nos hemos de convertir.

El nombre de la ciudad debió nacer también de algún pájaro
azul, agorero tal vez, pero pájaro de atardecer sumido en el
anonimato de otros cantos, como el de las olas impúberes del río
levantándole las polleras a los sauces cuando los cerdos que se
bañan en la hora exasperante de la canícula ya han regresado,
cansados, a sus dominios de hedores y mierda.

Desde el río hasta la estación de ferrocarriles median unos cien
metros. Ya no existen ni las huellas de los cables de acero que a
diez metros de altura y tirados desde la tierra por yuntas de bueyes

bufantes, acarreaban los productos de la zona hacia las grandes y profundas fauces de los buques mercantes. Sin embargo es posible escuchar los gemidos de esfuerzo de hombres y bestias: están impresos en los muros destartalados de las casas de tres y cuatro pisos, que humilladas y decrépitas han debido soportar las salidas de madre del río cuando la cordillera se deshiela. En esas ocasiones, casi de fiesta, de peligrosa fiesta, los niños se aventuran a cruzar las calles en las bateas de lavar, y los adultos intentan llevar una vida relativamente normal desplazándose en botes hacia las faldas de los cerros más altos para acceder a la ciudad, y desde cuya altura los más privilegiados socialmente pueden observar la inundación con un extraño sentido de placer, disfrazando naturalmente los rostros con otros imitados de lo que ellos entienden como caridad cristiana.

La crecida, que también cubría parte de la estación de ferrocarriles y la mesa giratoria para dar vuelta la locomotora en sentido contrario, ya que la estación de Carahue era punta de rieles, no alteraba significativamente el movimiento de personas hacia el centro del país. Es claro que en esas circunstancias el tren no llegaba hasta la misma estación, sino que se aventuraba hasta la última ladera, distante un par de kilómetros, para volverse retrocediendo, cuestión que incluso resultaba favorable a causa del humo del carbón de piedra, ya que la locomotora colocada detrás de la fila de vagones expelía lejos el humo, a pesar de que los más viejos lo aconsejaran sin reservas para tratar rebeldes casos de enfermedades al pulmón.

Frente al río una construcción de zinc se extiende impertérrita mirando hacia los ausentes muelles de su propiedad, ya hace muchísimos años devorados con calma pero sin clemencia por las aguas mansas del río Imperial y la ausencia de barcos, temerosos de entrar hasta Carahue luego del hundimiento del mercante *Flandes*, varado al confundir la entrada del río con el equívoco desagüe del lago Budi, el que en ocasiones se une con el Océano Pacífico mediante una delgada corriente de agua que fluye apenas sobre la superficie de la arena, semejando desde la distancia una desembocadura.

Las incansables Industrias Valck, por aquel entonces producían de un cuantohay, desde alcohol de papas hasta curtiembre, pasando por molinos, que todavía se escuchan funcionar mucho menos frenéticamente que antaño, pero todavía llenos de la gloria y de los fantasmas de los tiempos en que la ciudad, sin dudas, debía convertirse en el puerto más importante de Chile.

Enrique Valck, propietario de la enorme firma ligada estrechamente a la navegación internacional, murió maldiciendo a las compañías aseguradoras que, decía, utilizando el pretexto de importantes hundimientos ocurridos en el río Imperial y en la costa de Puerto Saavedra, se negaron a dar cobertura a las naves. Por mucho tiempo en la ciudad se habló de oscuras maquinaciones político-comerciales en las que estarían vinculadas las propias compañías inglesas. Con el tiempo fueron diluyéndose hasta que el rencor fue dando paso a la resignación, pilar fundamental para sostener las viejas casas ladeadas y los palafitos construidos junto al río y la moral de porteños frustrados en espera de la utopía de prosperidad que deberían traer barcos que no llegan a un puerto que no existe.

Por ahora Puerto Peral y Tranapuente, eventuales puertos en ciernes, soñando llenos de euforia por la proximidad de la modernidad, son simples y precarios atracaderos de botes visitados en el atardecer por algunos escasos coipos que a veces se pueden ver entre los junquillos y por gaviotas un poco hartas del poderío del océano distante algunos kilómetros antes de llegar al inexistente Puerto Saavedra.

El viaje de los Reyes desde Temuco hasta Puerto Saavedra, planificado y realizado casi siempre para los primeros días de enero, en plena evidencia de los calores del verano, duraba un día entero. Poco pasada la medianoche, el movimiento de personas y equipajes en la casa de calle Lautaro ya no cesaba hasta despuntar el alba, que era la hora en que se debía abordar el tren en dirección a la costa.

El viaje ansiado luego de meses de lluvia y frío, no obstante tenía para los niños una cuota de temor y de aventura. Lecturas, rumores y la propia imaginación formaban un todo indisoluble, permeable a la fascinación por un espacio tan opuesto a la condición mediterránea de la cual formaban parte.

Neftalí conocía parte del recorrido ferroviario, en las innumerables ocasiones en que acompañaba a su padre a la cantera de Boroa a picar y traer piedras en el tren lastrero para afianzar los durmientes sobre los que se clavaban los rieles.

A la pequeña estación de Labranza le seguía la diminuta estación de Boroa, luego la de Nueva Imperial, Ranquilco y, finalmente, el incesante barullo de Carahue, todavía con atributos de ciudad fluvial y portuaria, pese a que los barcos de gran calado hacía ya mucho habían cesado de llegar.

En Carahue, los niños mareados por el viaje, agrupados alrededor de don José del Carmen, se dirigían hasta el pequeño puerto, distante unos cien metros, hacinados entre los interminables bultos que se cargaban en una carreta de bueyes para volverlos a descargar en el barquito que los llevaría hasta su destino final, Puerto Saavedra. Ahí estaría esperándolos, como siempre, don Horacio Pacheco. Los bultos y los niños nuevamente eran cargados hasta llegar a la casona generosa que les albergaría.

En la casa de Pacheco no se hablaba del mar, pero sí de cosechas, animales, robos y jaurías de perros olvidados de su condición de domésticos que atacaban al ganado menor produciendo grandes pérdidas. El mar estaba al atravesar una loma, pero eso era otro asunto que tenía que ver relativamente poco con el quehacer de campesinos que estaban empeñados en realizar. Mucho más les agradaba el lago Budi, para el que sí se habían construído botes, para salir a pescar apaciblemente a la hora del ocaso o para aventurarse hasta la isla Huapi, bien apertrechados de vino y comida.

Irma Pacheco Oyarzún pasaba largas temporadas en casa de los Reyes en Temuco, muchas veces en tiempos de clases, en los que tía Laura asumía el papel de apoderada, debido al enorme afecto que se profesaban y a que la notoria diferencia de edad le daba cierto fuero y reconocimiento por las inspectoras del liceo, lo que no impedía que entre ellas existiese una amistosa complicidad que se traducía en largas conversaciones, terminadas en cuchicheos a medida que avanzaba la noche, con el rostro apenas asomado de las sábanas para capear el frío y a la luz de una vela que amenazaba a cada rato con apagarse.

Tía Laura en verdad era una niña disfrazada con grises ropas de grande y canas que le aparecieron por un puro disparate de los años. Su mirada circunspecta y crítica, cargada de desdén y de ironía, no pasaba de ser una postura que la vida se encargó de adherirle a su mente y a su corazón, como el musgo inevitable en el sur.

Quien descubrió a esta especie de duendecillo muerto de la risa fue mi hermano menor, Juan Carlos, el que jamás ha podido ni podrá detener su torrente de locuras que le brota en el momento menos esperado.

Un día Juan Carlos, en una de sus interminables ocurrencias, tomó en brazos a esta mujer —ya bastante avanzada en edad— para darle un forzado paseo por toda la casa de mis padres, con un desenfrenado frenesí.

Tía Lala fue pasando del desconcierto hasta la rabia en medio de unos berridos que nada pudieron con la inagotable sed de alegría del bromista. Luego del cansancio provocado por sus inútiles patadas y rasguños que nada pudieron contra mi fornido hermano, jadeando en un sillón y desgreñados, se pusieron a reír a carcajadas hasta el llanto. Desde ese momento tía Lala nunca más volvió a ser la que creíamos que era, sino la otra, un ángel gruñón dispuesto a saltar como una fiera sobre aquello que considerara indebido, pero también a reír como tal vez nunca antes lo había hecho por una especie de freno que por muchos años le había impedido dar rienda suelta a sus más disparatadas chiquillerías.

Aunque yo nunca me atreví a tanto, gozaba viendo cómo esta minúscula mujer canosa perseguía escupiendo a Juan Carlos por alguna venganza de una broma anterior por las habitaciones de nuestra casa.

Por eso no me extraña para nada cuando la señora Irma Pacheco me cuenta de su estrecha amistad con tía Laura pese a la diferencia de edad.

Había en ella un estigma autoimpuesto de ser la unificadora de una familia que sabía estaba estructurada fundamentalmente para salvar las apariencias. Pero paralelamente le habitaba una alegría de vivir que nunca pudo tener una expresión natural. Y en esto estaban incluidas las familias con las cuales se tenía alguna relación un poco más honda.

La señora Irma me contaba que Horacio, su hermano mayor, tenía más o menos la misma edad que Pablo. No es difícil imaginarlos recorriendo a caballo la ribera del lago Budi, los montes cercanos o la interminable playa, dejando atrás a Laurita al lado de Emelina, corriendo tras las gaviotas vigiladas por la ternura del sol escondiéndose tras las olas de Puerto Saavedra. Ya Rodolfo era un galante joven que concitaba el interés femenino por su delicadeza, sus hermosos ojos azules y su voz de tenor, infaltable a la hora de las reuniones sociales. La relación con sus hermanos menores, por lo mismo, era algo distante.

Muchas veces, mientras se realizaban los trabajos de extensión de la línea ferroviaria al sur de Angol, Gustave Verniory, el ingeniero belga contratado por el gobierno chileno para realizar dicha misión, se enfrentó a la dramática situación de la sublevación de los obreros a su cargo. La gente protestaba por cuestiones muy coyunturales, como atrasos en sus pagos ganados con mucho sudor o incumplimientos de los contratos, por parte de la empresa.

Una sublevación de mil o más hombres, cuyos antecedentes eran generalmente bastante oscuros, no era algo simple de resolver, teniendo además en consideración que la derrota militar de los mapuches en la sangrienta *Pacificación de la Araucanía* luego de cientos de años de resistencia, era un hecho que enrarecía el aire de una alta dosis de belicismo. Tal vez por este motivo fue que por mucho tiempo el don de mando de corte militar era algo muy apreciado en la Empresa de Ferrocarriles del Estado, la que celebró la llegada de su primer tren a fines de 1893. Temuco, apenas un fuerte militar, se había fundado ganándole algunos metros a la selva, cerca del río Cautín, el 24 de febrero de 1881.

Evidentemente don José del Carmen poseía este don, heredado de su padre, pero aplicado muchas veces en situaciones que rayaban con lo intolerable, como era el hábito de dar marcialmente las más disparatadas órdenes a su familia.

Pacheco, muerto de la risa, observaba desde una colina cómo José del Carmen ataviado con un bañador bastante ridículo, tocaba su pito ferroviario ordenando introducirse en las voraces y heladas olas a Laura y Neftalí. Los hermanos se tomaban las manos llorosos frente al océano que se los tragaría para siempre y detrás de ellos la única huida posible flanqueada por un hombre temible que no escuchaba razones y cuyo único lenguaje que salía por su boca era el sonido de un pito, capaz de poner en movimiento a un tren entero y que por añadidura mostraba amenazador su cinturón zumbando en el aire más fuerte de lo común con la complicidad de la fuerte brisa marina.

Era infinitamente más agradable bañarse en el lago Budi, con sus aguas quietas y tibias, distante apenas a algunos pasos del océano. Pero eso no les templaría el espíritu, repetía el condutor Reyes con su enérgica voz, que adquiría un notorio tono prepotente cuando además era escuchada por los adultos.

Por las tardes los niños se iban a la ribera del lago a ver el rosado vuelo de las bandadas de flamencos o los cisnes de cuello negro que paseaban ufanos con sus crías, algo ocultos tras los junquillos que crecían abundantes. Por las mañanas, en cambio, los patos silvestres tentaban el apetito y la puntería de los cazadores, y el lago cubierto de la bruma del amanecer solía despertar con los escopetazos que dejaban un charco de sangre y plumas que se extendía por las aguas, y un eco que quedaba vagando sin destino entre los ladridos de los perros de caza internándose en el agua cebados por el olor de la sangre, alertando definitivamente a los treiles aún sumergidos en el silencio de la noche.

Cuando estábamos en el liceo, con un par de amigos se nos ocurrió la idea de ir a conocer una lobería ubicada a unos 40 ó 50 kilómetros al norte de Puerto Saavedra. En nuestros mapas escolares no estaba indicado el lugar y con aproximaciones de más o de menos parecía bastante cerca. Naturalmente no existían caminos y las únicas alternativas de desplazamiento eran el caballo o caminar siguiendo la ruta usada habitualmente por los mapuches.

Llegamos a Nehuentúe, pequeño caserío aledaño a Puerto Saavedra, en una destartalada micro cuando estaba atardeciendo, y cruzamos en un bote una especie de antiguo lecho del río Imperial, casi en la desembocadura, para luego atravesar unas dunas y acampar viendo cómo el sol se hundía en el horizonte. Luego nos desnudamos y nos bañamos teniendo para nosotros solos una extensa playa que se perdía a lo lejos en una cenicienta bruma azul. Por la mañana, cargamos nuestras mochilas y comenzamos a caminar por la playa hacia el norte en un día bastante gris que amenazaba con llover.

Cuando llevábamos medio día caminando, nuestras mochilas aumentaron mágica y terriblemente de peso, al mismo tiempo que nuestras raciones de agua se esfumaron entre sorbo y sorbo que nuestro cuerpo reclamaba para no deshidratarse por el esfuerzo. En el último tramo, que era el comienzo de una pronunciada ladera de una gran cadena montañosa, lugar en que vagamente nos habían indicado que había una vertiente, estábamos casi desfallecientes. El agua de gusto salobre que nacía de aquella montaña, bebida con desesperación y el alto grado de deshidratación nos provocaron unos vómitos incontenibles y una sensación de derrota total.

El más fuerte de nosotros tras una convincente perorata, que nos instaba a no dejarnos abatir por las circunstancias adversas y que, hiciéramos lo que hiciéramos, lo más corto y razonable era llegar a nuestro destino, nos convenció de cargar nuevamente nuestras mochilas sacando fuerzas de flaquezas, con el estómago totalmente revuelto y con una palidez de deudo en pena. Entonces miramos hacia lo alto con fastidio y emprendimos la ascensión.

Ninguno de nosotros era buen alumno en historia y geografía, por lo que ni sospechamos que aquella montaña empinada era el comienzo de la cordillera de la costa. Sólo soñábamos con llegar a una playa desierta habitada por lobos marinos de acuerdo a lo que alguien distraídamente nos había dicho al pasar.

Encaramados en los farallones por un mínimo sendero en medio de una vegetación selvática, divisábamos hacia abajo con temor la furia del azote del oleaje. Extrañas especies de aves anidaban en la roca vertical haciendo unas proezas increíbles con las fuertes corrientes de aire. Cuando nos separábamos un poco de la costa desaparecía por completo el ruido del mar y venía en su reemplazo el canto de pájaros desconocidos que volaban cerca de nosotros sin temernos.

Casualmente nos topábamos con uno que otro mapuche, los que respondían con amabilidad nuestro saludo, pero se dirigían sin vacilaciones y en silencio hasta su mundo, bastante distante del nuestro.

Casi al anochecer llegamos exhaustos a nuestro destino final: una pequeña bahía rodeada de una vegetación apenas tocada por la mano del hombre.

Instalados en la playa de la lobería, nuestra rutina en aquel verano particularmente lluvioso era hundirnos en las frías aguas en donde a veces a metros de nosotros nadaban enormes lobas buscando a sus cachorros arrastrados hasta la playa por las corrientes marinas y las mareas. Era triste escuchar entre las olas el gruñido lloroso como de carraspera ronca de las madres y, a metros, en lo que había sido el sitio de la marea alta, un pequeño lobo marino rodeado de jotes picoteando tenazmente su dura piel, con la cuenca de sus ojos pobladas de insectos marinos que entraban y salían de su cuerpo.

En una ocasión nos topamos con un pequeño lobito lidiando con varios perros que lo mordisqueaban. Estos animales, bastante tímidos y escasamente agresivos, que en el agua se mueven con mucha destreza y fuera de ella con bastante lentitud, cuando se ven en peligro atacan con una furia notable. Pero nos dimos la maña para agarrar al enfurecido cachorro y llevarlo hasta nuestra carpa, en donde lo amarramos a un poste para que no huyera. Sin embargo, el que sería nuestra mascota se mantuvo en una actitud inflexible de no colaboración, sin aceptar ningún alimento y respondiendo a nuestras buenas intenciones con tardíos y feroces tarascones que alcanzábamos a esquivar. Así es que un día fuimos a devolver al lobezno a donde la tos regocijada de su madre lo esperaba algunas olas mar adentro, para luego dirigirse al islote donde estaba radicada la manada que podía divisarse desde la playa.

A veces nos adentrábamos tierra adentro donde la gente lo recibe a uno como a un pariente lejano y el pan se comparte sin preguntas.

En una ocasión llegó cerca de nosotros un *jeep* con algunos jóvenes armados, de más o menos nuestra misma edad. Se bajaron con decididas actitudes agresivas, y luego de algunas miradas inquisidoras que pusieron nota a nuestra presencia, partieron a toda velocidad con su vehículo dando saltos de liebre en medio de una nube de polvo. Seguramente eran hijos de algunos dueños de fundo con la sensación de sentirse además dueños de la playa, del mar y tal vez de los lobos. Nunca supimos qué buscaban, ni hablamos con ellos alguna palabra.

Todo fue una maravillosa e inevitable coincidencia, en que encontramos lo que no andábamos buscando. Un orden ancestral había dado la orden perentoria de seguir en su sitio como había ocurrido desde hacía miles de años. Este orden transmitía una insinuación a una búsqueda de espacios imaginarios o reales en donde el hombre simplemente fuera un habitante sin prisa mirando al océano de la vida.

Este relato se lo repetí a mi hijo David cuando era niño y le prometí que algún día haríamos juntos este recorrido. Hasta el momento el viaje no ha sido posible hacerlo y quizás nunca se haga. Sin embargo, en alguna parte de su corazón debe haber quedado registrado ese mar, esa naturaleza, esos pájaros, esos mapuches relegados en algunos retazos de tierras casi cayéndose en el océano: era la memoria de mi corazón la que hablaba, aquélla que transmite la relación íntima con las cosas o las personas, lo vivencial, el sedimento de la sorpresa. Y sus ojos me respondían con un silencio al cual también yo respondí en su momento a aquello intangible, que dejó un escalofrío de asombro en vez de recuerdos.

Muchos años pasaron para poder entender, para poder intuir, que Neruda desde un comienzo transmitía esta mirada inversa, como reflejando desde el espejo de sí mismo lo vivenciado. Y es en la costa de Puerto Saavedra en donde ocurre el hallazgo: los ojos del sí mismo descubren en el espacio del océano que se abre, la caverna iluminada en donde se esconde el propio corazón. El todo entendido como una extensión del individuo: lo colectivo como expresión de la individualidad.

Este océano, descubierto precozmente, provoca en el niño Neftalí la necesaria cuota de infinito imprescindible en su canto. Son palabras que están vivas, sonando como olas o iluminando "el color Saavedra"[5], inmutable por los años, por los siglos, hasta que alguien las toca y confundido mira a su alrededor algo azorado: esas palabras parecen haber sido dichas por su propia boca e iluminan el ambiente.

Desde la gran casa de los Pacheco hasta lo que pudiera llamarse el "centro" del pequeño caserío que formaba Puerto Saavedra, mediaba poco más de un kilómetro que había que recorrer caminando entre bosques y quilantales a medio desbrozar. Por las mañanas, cuando ya la sinfonía inicial de los pájaros había terminado por la presencia del oceánico sol estival, solía ser una caminata muy agradable refrescada por las sombras ocasionales en los trechos donde abundaban los hualles o por las brisas del mar con su salina carga aromática.

En las extensas lomas amarillas cargadas de trigo, las chicharras zumbando incansables no podían con el solitario canto de los zorzales. A veces, eran bandadas de torcazas las que interrumpían la movilidad del paisaje, otras el escape de una liebre o el silbato alharaco de alguna perdiz volando a campo traviesa acallando a las chicharras, hasta perderse tras las lomas.

A medida que se bajaba del último cerro, acercándose hacia la costa, lejos iba quedando el ruido de la trilladora y las carcajadas o las órdenes de la gente trabajando en la cosecha y más nítido

---

[5]Título de un poema de Juvencio Valle dedicado a Selva Saavedra y Róbinson Saavedra, ambos poetas sureños.

empezaba a hacerse el ruido del oleaje, donde los ruidos del campo se apagaban totalmente.

Y era un incansable rumor de olas el que acompañaba hasta las puertas de la biblioteca de Puerto Saavedra al pequeño Neftalí, poco apto para proezas físicas pero con ciertas condiciones innatas para practicar tempranamente la misantropía. El bibliotecario, algo extrañado al comienzo, terminó por acostumbrarse a la compañía de su pequeño amigo, que olía los libros como si estuviese oliendo un trozo de bosque.

Desde ahí, el niño solía partir en excursiones en donde necesariamente tenía que ir solo. Eran viajes al fondo de sí mismo, en donde quedaba temblando de emoción por el paisaje que transmitían las páginas escritas.

Augusto Winter, poeta y bibliotecario, repartía su tiempo entre las distintas ocupaciones que debía hacer para su sobrevivencia y la atención de la biblioteca escasamente consultada por los lugareños. No obstante también le sostenía la utopía de ver transformado el villorio en un próspero puerto, a pesar de que ya era parte del pasado la llegada de buques de importancia. Su biblioteca entonces se transformaría en un gran edificio de arquitectura clásica, con un auditorium con un escenario cubierto por cortinas de raso y cientos de elegantes butacas de felpa, en donde él sería el anfitrión de artistas invitados traídos desde Europa especialmente para la ocasión. Sólo habría que esperar que las tercas compañías aseguradoras inglesas se convencieran de las immejorables condiciones de Puerto Saavedra, puerta de la inexplotada región de La Frontera, todavía empezando a poblarse de colonos recién llegados, llamada casi por todos el "granero de Chile".

Su pequeño amigo no comprendía para qué podría quererse que todo fuera diferente a como era. Tendido a la sombra de algún árbol, dejaba el libro y somnoliento miraba hacia la bóveda celeste hasta que empezaban a aparecer unos puntitos brillantes desde donde emergía, trasmutándose lentamente a gran altura, el dignísimo vuelo circular de los jotes. Si esta ronda era cerca del mar, seguramente se debía a peces o cachorros de lobos marinos muertos, o pingüinos arrastrados desde el polo sur por la corriente de Humboldt hacia el norte y sorprendidos mortalmente al tratar de salir del frío flujo desde donde extraviados de su hábitat apenas alcanzaban a llegar con vida hasta la orilla. Pero si el vuelo de los jotes era hacia los campos, seguramente era por la presencia de algún animal muerto, restos que hubiera dejado algún puma o algunas jaurías de perros, que olvidados de su condición de domesticados, había que sacrificar.

A veces, caminando tras esta convención, Neftalí se acercaba sigilosamente hasta donde los jotes impecablemente ataviados de un negro lustroso, picoteaban y tironeaban el cadáver hasta dejar sólo los huesos para los insectos marinos. Escondido a cierta distancia, los grandes jotes de cabeza colorada ignoraban al niño que miraba sus ceños adustos de notarios iracundos absortos en un trámite impostergable.

Muchos alumnos del Liceo de Hombres N°1 de Temuco recuerdan que poco tiempo después del maremoto y terremoto que hizo desparecer totalmente a Puerto Saavedra y otros pueblos costeros empezaron a llegar cientos o miles de libros recogidos desde la arena, diseminados entre los restos de las casas y algunos cadáveres que a veces el mar devolvía. Los jóvenes liceanos tenían la misión de ir limpiándolos hoja por hoja, sacudiéndolos de la sal que se les había adherido, o volverlos a encuadernar en las clases de trabajos manuales. Nadie supo quién fue el de la idea de recoger aquellos libros reunidos a lo largo de toda una vida con tanto afecto. Los pocos sobrevivientes no deben de haber sido, ya que caminaban hambreados de un lugar a otro sin saber adónde ir, completamente anastesiados por el dolor.

La tragedia de 1960, que golpeó con violencia brutal la costa del sur de Chile y que para muchos significó dividir la vida en dos segmentos, terminó tal vez para siempre con la esperanza de la entrada de barcos por el río Imperial hasta Carahue. Muchas fueron las desembocaduras, los cursos de los ríos, que cambiaron totalmente su fisonomía. El paisaje costero en algunas partes jamás volvió a ser el mismo.

Nadie sabe en Temuco qué pasó con los libros rescatados del maremoto. No están. Sólo queda el mito de un poeta que amaba la naturaleza y que, por un tiempo, para sobrevivir trabajaba enlatando aves silvestres para exportarlas y un jovencito algo callado y voraz en la lectura .

—Sencillamente se los robaron— me dice Rigoberto Neira, bibliotecario que participó en la limpieza de los libros. Verdaderas joyas deben estar durmiendo en algunas inaccesibles bibliotecas particulares de Temuco.

Desde el vaporcito navegando aguas arriba del río Imperial, podían divisarse los cerros Huilque y Maule delimitando a Puerto Saavedra. Lejanas quedaban las siluetas afectuosas de los Pacheco agitando las manos y gritando adioses y recomendaciones que ya nadie alcanzaba a escuchar.

Rodolfo, con una mirada de conocedor de circunstancias y de tener guardada una carta debajo de la manga, se despedía con elegancia del grupo, pero con su mirada de ave rapaz dirigida hacia un punto muy específico de la bandada. Laurita enjugándose las lágrimas escondía su rostro detrás de Trinidad, la que miraba impertérrita y respondía discretamente a la despedida. Neftalí, ya absorto con el ruido del agua, estrujaba entre sus manos una bolsa con tesoros que había que tener lo más lejos posible de la vista de don José del Carmen, el que ya casi apersonado de su papel de conductor y jefe, conversaba de igual a igual con el capitán de la embarcación entre los bártulos acarreados desde Temuco y que copaban una parte importante de la embarcación.

Pero la despedida real había tenido ocasión los días previos, en medio de asados, ñachis[6] y regados compromisos de volverse a ver cuanto antes con los Hernández, vecinos y amigos de los Pacheco, quienes extendían su amistad sin muchas vueltas a los amigos de sus amigos.

---

[6]Ñachi, palabra mapuche, es el nombre de una comida hecha con la sangre cuajada de un cordero recién degollado al que se le añaden aliños y que se acostumbra a comer al lado del animal mientras se le descuera.

A lo lejos, la incansable trilladora de los Pacheco con pasos algo ebrios, escalaba por caminos recién dibujados que se perdían en sentido contrario a los viajantes, como navegando por tierra con el mar a sus espaldas.

Sólo la cabeza rubia de Laura Pacheco quedaba destacándose para Neftalí cuando todavía faltaba un poco para atreverse a sumergir en esas aguas desconocidas.

3
Los Cansancios Humildes[7]

[7]El título del capítulo está tomado de un conjunto de poemas inéditos manuscritos
conservados en cuadernos escolares por Laura Reyes,
los que posteriormente fueron rematados en Londres.
Sólo en 1994 fué recuperada una fotocopia por el autor del presente ensayo
y entregado a la Fundación Pablo Neruda para su publicación.
Está fechado en Temuco, mes de diciembre de 1919.
En total son 155 poemas los que estaban en estos cuadernos,
algunos de ellos publicados en diarios y revistas, otros en *Crepusculario*
y la mayor parte absolutamente inéditos.

unque todas las tardes
se perfumen de vida
habremos de ser almas de silencio
distantes...[8]

1924. Neruda,
presumiblemente en Santiago.

[8]Fragmento de uno de los poemas de
Los Cansancios Humildes descrito en la nota anterior.
El fragmento es de un poema que no lleva título,
que aparece en la página 92 de dicho cuaderno
y está fechado el 6 de diciembre de 1919.

Santiago Gacitúa, terrateniente de Labranza, no atinaba a comprender la enorme fama que iba adquiriendo uno de los hijos de su compadre don José del Carmen Reyes. En el fundo San Luis, cercano a la cantera de Boroa, fue tema de doloroso final de conversaciones, muchas de ellas de varios días y acompañadas de copiosos mostos y alguna vaquilla sacrificada con algún pretexto pueril, que servía para reunir a los amigos.

Los amigos algo emborrachados, deploraban el camino que estaba comenzando a seguir Neftalí, tan distante a los intereses de los habitantes de La Frontera, centrados fundamentalmente en "hacer patria". Una ciudad como Temuco, sin más historia que tener que armarse como un rompecabezas ganándole terreno a la selva y cuya economía estaba estrechamente relacionada con la producción agrícola, en la que el tren tanto tenía que ver, no podía amparar a los ociosos. Todo aquello que tuviese que ver con realizar actividades en beneficio de la construcción de la ciudad o del mejoramiento de la actividad agrícola estaba bien, pero no así algo tan innecesario como escribir poesía o artículos en el diario.

—Anarquistas de mierda.

—Yo los metería a todos a la cárcel y que trabajaran como todo el mundo, que se ganen los porotos y que no sean unos parásitos de la sociedad.

—Lo peor es que influyen en los demás y después, compadre, ¿quién va a quedar para trabajar? ¿Se ha preguntado usted eso?

Concordaban llorosos los compadres en que de ahí se originaban todos los vicios por los cuales una sociedad se corrompía. No era improbable que Neftalí de pronto viera tronchada su vida por los excesos a los que inevitablemente lo conduciría su relación con este mundo de bohemios y vagos profesionales.

Además rondaba en don Santiago el recuerdo de aquel muchacho de naturaleza feble y algo bobo que se hundía en los bosques buscando bichos o piedras cuando acompañaba a su padre en el tren lastrero en busca de gravilla para afianzar la línea férrea. Su esposa, doña Eugenia Bustos, muchas veces le reafirmó su percepción de que aquel niño debía de tener algo pelados los cables.

Pero solidario y amigo de sus amigos como era, siempre se limitó a darle ánimos a su compadre, que al calor de las copas despotricaba abiertamente en contra de su hijo, que ya había dado muestras de una ingratitud extrema al renegar incluso de su propio apellido, cuestión que reiteradamente había comprobado al recibir la correspondencia dirigida a un tal Neruda. Ya vendrían tiempos mejores, en fin, y sólo el de arriba sabe por qué le envía a uno esas pruebas.

Trinidad debía ser la culpable, había sobreprotegido demasiado al niño. Él qué podría hacer si estaba fuera todo el tiempo.

La retahíla, que a veces se reiteraba, generalmente terminaba con alguno de los conversadores completamente doblegado por el sueño, durmiendo una siesta bien roncada y babeando encima del mesón hecho con tablones, en el fondo de un patio bien cubierto por un parrón de generosa sombra y escasas uvas.

En efecto, desde hacía un tiempo era notoria en Neftalí cierta palidez acentuada, que se había tratado de combatir con una dosis mayor de aceite de bacalao bebida entre náuseas y la amenaza de correazos. Pero la porfía de quedarse leyendo hasta altas horas de la madrugada ciertamente lo debilitaba. El que Dios ayuda a quien madruga no funcionaba en modo alguno para el muchacho. Pero lo más irritante era que ya se le había formado un hábito de andar a la cola de Orlando Mason, que había resultado ser un bochinchero, un buscapleitos, anarquista y otros tantos adjetivos nacidos de lo más hondo de la bilis de muchos.

El diario *La Mañana*, fundado por Mason, no era del agrado de José del Carmen. En realidad existía cierta animadversión con su director que ya no podía ser superada, y que, por el contrario, se veía agravada por la cercanía de Neftalí con Orlando. Los primeros poemas y algunas precoces colaboraciones eran comentados con entusiasmo y en una secreta complicidad en el diario de su "tío" Orlando, como le decía el joven Neftalí, con su bigote recién comenzando a dibujarse.

—No es tu tío— le increpaba enojado José del Carmen apenas quedaban solos, fuera del alcance de testigos, con discreción, mal que mal era el hijo de su compadre Carlos Mason a quien tanto le debía.

Orlando, joven e impetuoso, era un hombre de talento y de iniciativa. En él se conciliaban sabiamente la energía que necesita un hombre de empresa y la sensibilidad, expresada en su reconocido prestigio como declamador y poeta. El diario *La Mañana* lo había proyectado como una tribuna desde la cual las injusticias inherentes a la situación fundacional de la ciudad de Temuco debían denunciarse, como el bandidaje todavía bastante extendido y el bandidaje solapado que usaba como armas para el despojo de las tierras mapuches a las leyes, los tinterillos y las apariencias de hombres de bien.

En las reuniones sociales era habitual requerir de Orlando para su conocido número declamatorio que tenía una alta dosis de teatralización. Neftalí miraba embelesado los recitales de su tío Orlando en casa de familiares. Sí, así quería ser.

Desde cierta distancia José del Carmen miraba con el rostro agriado, al mismo tiempo que Trinidad agachaba la cabeza, en medio de un secreto que flotaba con sus ropajes fantasmales, del que ya nadie hablaba pero que todos conocían desde hacía mucho tiempo.

Lo que no sabía Santiago Gacitúa ni José del Carmen era que sobre el muchacho existían otros motivos para afanarse en los libros y la escritura. Nadie se había enterado, por ejemplo, de las visitas que Neftalí hacía al Liceo de Niñas de Temuco, donde la hierática directora luego de leer sus versos había logrado esbozar una escueta sonrisa. Todo había sucedido luego de largas antesalas, aceptadas con resignación y firmeza, hasta lograr hablar con la dama que pensaba encontrarse con un imberbe que buscaba un superficial pasatiempo en la escritura.

Gabriela Mistral, quien fue nombrada directora del Liceo de Niñas en 1920, no sólo había leído sus poemas, sino que además le dijo derechamente que tenía la certeza de estar ante un poeta de verdad. Era una opinión para ser tomada en cuenta seriamente, ya que Gabriela desde 1914 tras premiarse un conjunto de poemas llamado *Los Sonetos de la Muerte*, era considerada una de las más notables escritoras de Chile.

Un amigo antropólogo me contaba de cierta investigación sobre la forma en que se estructuraron algunas fortunas en La Frontera. Era una investigación hecha para una tesis de grado, en años de pleno apogeo de la dictadura militar de Pinochet. Con cierta ingenuidad tuvo algunas entrevistas con algunas personas de apellidos bastante conocidos en la zona realizadas en un clima de estricta cordialidad. Pero así como la investigación comenzó a avanzar, la escasa cordialidad fue diluyéndose hasta dejar paso a una violenta indiferencia. Las puertas cerradas estrepitosamente, dejando a este amigo con un palmo de narices, fueron la respuesta más repetida hasta que la investigación se detuvo totalmente.

Poco tiempo después una visita reafirmaba rotundamente el deseo no solamente de que la investigación se detuviera sino que, de proseguir, se le dijo, estas sugerencias no se expresarían con palabras. Esta amenaza, esta negación a querer colaborar con una investigación que quería indagar sobre los mecanismos socioculturales de la pobreza mapuche y de la estructuración de los latifundios, sigue rondando y seguirá rondando hasta que la historia reciente pueda ser narrada objetivamente por los descendientes de vencedores y vencidos y no por historiadores por encargo. Trescientos años de resistencia a la instauración de un orden impuesto a sangre y fuego ameritan de sobra esta iniciativa.

Pero la tradición de la amenaza había tenido otras expresiones de mucha violencia en la historia de La Frontera. El periodismo, que moralmente exigía denunciar los atropellos en contra de la dignidad humana, no estaba libre de riesgos por aquéllos a quienes aludía. El caso más elocuente fue el asesinato en 1889 del editor del periódico *La Voz Libre,* Francisco de Paula Rivas, crimen que jamás fue aclarado.

Orlando Mason, con el diario *La Mañana* fue un poco más afortunado: el diario sólo fue incendiado. Esto le colgó una fama definitiva de buscapleitos por los obsecuentes con una sociedad que crecía a espaldas de su verdadera historia.

Carlos Mason no era un hombre que tomara muy en cuenta la condición social de sus relaciones. Por el contrario, tenía en alta estima a las personas con un sentido de iniciativa propia por sobre cualquier otra cosa.

En los primeros tiempos de instalado, con la pensión y los baños públicos casi frente a la estación de ferrocarriles en Temuco, mandó a buscar a un joven que había conocido en el fundo Belén en Parral. Era un muchacho trabajador temporero, hijo de una familia bastante humilde, que circunstancialmente le había colaborado y al que Mason le tenía afecto. Un hombre que por su juventud él podría moldear para las múltiples iniciativas que frecuentemente intentaba llevar a cabo.

Rudecindo Ortega aceptó con agrado el trabajo propuesto y se empeñó en demostrar que no en vano se había confiado en él. Rudecindo era poco más que un adolescente. También lo era Trinidad Candia.

Entre los trajines de la casa los jóvenes se encontraban tímidamente y cruzaban un par de palabras, algo azorados, para luego cruzar miradas, en un descubrimiento nuevo de una facultad expresiva de los ojos que podían trasmitir algo indefinible. Se sentían felices estando juntos y mínimos gestos de saludos o despedidas hechos subrepticiamente, les llenaban el alma de alegría: a veces era una orquídea silvestre pasada de una mano a otra, otras un puñado de hermosos pedernales.

Tan ocupados en sus quehaceres estaban, que los mayores no se imaginaron que podrían intimar mayormente, como para tener que imponer cierta distancia. Pero lo que no calcularon fue que las caricias que brotan de la inocencia son un incendio inevitable y hermoso, del cual nadie puede salir ileso.

De esta unión nació un hijo, como brotado desde las sombras, heredero de la ternura y de la fuerza de sus jóvenes padres, que le impondrían una relación con la justicia y la belleza y que con el tiempo buscaría caminos para trasmitirse a los demás.

Sin lugar a chistar este hijo fue asumido como hijo de Carlos Mason y Micaela Candia, sumándose a Jorge, Telésfora, Ramón, Ana María, Glasfira y Carlos hijo.

El aprecio que Carlos Mason tenía por Rudecindo, no cambió en modo alguno. Naturalmente, las increpaciones de rigor estuvieron presentes, pero la eficiencia de Rudecindo y la honestidad de sentimientos que trasmitía el joven lo siguieron convirtiendo en su hombre de confianza, retribuyéndolo generosamente. A Rudecindo Ortega se le consideraba, pese a todo lo ocurrido, como un hijo más.

En esas circunstancias Trinidad Candia Marverde empezó a recibir las primeras lecciones dolorosas de asumir con resignación y silencio todo aquello que estuviera fuera de su condición de mujer servil. Pero lo que no pudo realizar su temperamento sumiso, sí lo pudo su capacidad de amar.

Era el amor la alquimia que suplía cualquier carencia emocional. Sólo que jamás aprendió a decir con palabras lo que le ocurría. Fue una sombra deslizándose por las habitaciones, haciendo y dando a todos lo suyo, sin reclamar nada para sí.

El gallardo joven no supo sino hasta muy adulto de que Trinidad y Rudecindo eran sus verdaderos padres,cuando ya no había sitio para rencores. Orlando Mason se crió en un ambiente rodeado de ternura y preocupación de sus padres reales y ficticios, que vivían en la misma casa prodigándole atenciones.

A mi bisabuela, doña Trinidad Candia Marverde, la familia le reprochaba secretamente muchas cosas. Entre otras, el hecho de que nunca tuvo el valor de asumir a su hijo Rodolfo y que al niño lo hayan enviado a criar a Coipúe, aceptando en cambio como suyos a Laura y a Neftalí.

En efecto, Rodolfo llega a integrar el hogar Reyes Candia cuando es un niño de unos trece años, absolutamente desadaptado de un orden que no fuera la naturaleza agreste.

Anita Reyes Mason, una de las pocas personas con quien en muchos años he podido conversar estos secretos familiares, hija de Abdías Reyes, hermanastro de mi bisabuelo y de Glasfira Mason, me comentaba sobre la inconveniencia de hacer públicas algunas de estas cosas. Yo le respondía que hablar sobre los muertos es un ejercicio que a nadie puede herir, sobre todo a nuestra familia tan desprovista de un sentido de alcurnia.

Toda esta situación permitía que mi bisabuelo mirara con cierta dosis de desprecio a Trinidad —a pesar que prácticas de este tipo eran algo relativamente usual para el código moral no escrito de la época— que fue sumando a su vida, cuotas de postergación a las que respondía con una sumisión y entrega, de las que Neruda da cuenta a cabalidad en su poema "La Mamadre".

—La tía Trinidad era una sombra —me dice mi tía Anita—, un ser anulado, que no hablaba en las fiestas.

Ya lo creo que era así. No existe una palabra escrita que haya dejado esta mujer silenciosa. Sólo dejó el testimonio de su dulzura tímida del sol en las regiones tempestuosas como legado de lo que nunca recibió a cambio. Y no fue poco. Sin tener nada que ver con literatura, intuyó la necesidad de permitir espacios en donde la palabra pudiera fluir libremente, espacios que había que ganarle a las dinámicas fuerzas que negaban la validez de una actividad humana de este tipo. Y lo hizo dos veces: la primera, como madre desplazada de su rol, siendo algo más que una adolescente, la segunda, cuidando como suyo a un niño feble y retraído. Dos poetas, herederos directos de una misión anónima de un ser lleno de ingenuidad y ternura, sin el cual la historia de la literatura contemporánea tal vez no sería la misma.

Sí, Orlando Mason, el hermanastro mayor de Neruda, fundador del diario temuquense *La Mañana*, poeta y declamador, fue el hombre más influyente en la formación del pequeño poeta en ciernes.

Estaba contento con este hermanito al cual no podía desmentirle que fuera un tío, porque era preferible que creyera eso a otra cosa que pudiera dañar el precario equilibrio familiar. Por eso también, Orlando Mason, simbolizaba aquello que más odiaba José del Carmen Reyes: la bajeza de la condición femenina, cuya única y honrosa excepción era la que había encontrado en su muy amada Rosa Neftalí.

Dos poetas, si no hermanados directamente por la sangre, hermanados por el inevitable poder de la ternura.

El trabajo que Rodolfo realizaba desde hacía algún tiempo en una mercería en el centro de Temuco, todavía sin nombre, no pasaba de ser un pretexto para complacer y convencer a su padre de que su integración a la vida familiar como hombre de bien se estaba lentamente convirtiendo en una realidad. Atrás quedarían los días en que sistemáticamente repetía de curso, ya sea para llamar la atención que siempre le fue negada o por estar constituido por una naturaleza voluble y propensa a la ensoñación.

Empaquetando herraduras o kilos de brea para calafatear los botes que atravesarían los ríos de La Frontera, pesando kilos y kilos de clavos, iba en verdad negando día a día la clara percepción de estar cerca, cada vez más cerca, del descubrimiento de algo inmenso, casi siempre de carácter científico, aunque no estuviera muy lejos del mesmerismo o de la teosofía.

Con ese hallazgo, nacido íntegramente de sí mismo, ya casi sentía el palmoteo afectuoso en los círculos sociales, honrados de tenerlo entre los suyos, aunque sólo fuera por un breve instante.

A veces, esta búsqueda de grandeza adquiría características más concretas. Vestido de etiqueta era ovacionado por las multitudes luego del concierto de gala en Venecia, Londres o París. En este caso el sueño bien podría haberse convertido en realidad ya que las notables condiciones de su voz requerían ciertamente de un trabajo profesional.

Sólo terminaba con sus divagaciones cuando la voz tronante del patrón, le exigía movimiento para atender el negocio atestado de mapuches esperando impertérritos el turno para ser atendidos, dejando afuera del establecimiento sus caballos amarrados a la vara o la carreta de bueyes dormitando y rumiando sobre el lodo.

Rodolfo sólo era soportado en sus trabajos por su condición de hijo de don José del Carmen, cuya digna imagen, ganada con años de trabajo y dedicación en su puesto, le hacían merecedor de consideraciones especiales que se extendían hasta sus hijos.

Lo único cierto era que Rodolfo tenía una voz notable, requerida en las reuniones sociales, que era un alumno bastante deficiente y que José del Carmen tuvo que optar por retirarlo del liceo para que empezase a trabajar.

Desde sus limitaciones construyó un mundo imaginario que ansiaba habitar para no ser más el desplazado, el olvidado de todos. Los sueños, que de pronto se exacerbaban transformándose en obsesiones de semanas o meses, luego se diluían con la misma rapidez con que habían aparecido. Lo mismo ocurría con su vida amorosa, que desde un comienzo se manifestó apasionada e impenitente.

Pero toda esta enfebrecida e inútil preocupación tenía razones simples de entender: Rodolfo, desplazado por motivos familiares, lo era también por la pequeña fama provinciana de su hermano menor, quien no podía entender el porqué de la distancia.

Jocosamente mi padre recordaba un período en que mi abuelo se empezó a afanar en el descubrimiento del movimiento perpetuo. En el patio, en una bodega que permanecía con candado misteriosamente, mi abuelo pasaba días enteros anexándole nuevos agregados al sistema pendular que daría como resultante un movimiento que sólo tendría el desgaste del impulso inicial para luego seguir funcionando por los siglos de los siglos. Por aquellos años trabajaba en una de las mercerías, como eran llamadas las ferreterías, que, para ser identificadas por los clientes mapuches que no conocían la escritura, tenían un emblema que las identificaba. Los niños temucanos crecimos en medio de estos objetos inmensos:

una bota que la calzaría Goliat, una enorme olleta para alimentar casi a medio Temuco, un arado a la medida para ser tirado por dinosaurios, un martillo para gigantes escondidos en la cordillera, una llave para abrir puertas del alto de una montaña.

A mi abuelo, que con su capacidad de asombro también era un niño tratándose de adaptar a un mundo de adultos, le parecía que no era en vano el tiempo que gastaba después de las agotadoras jornadas de trabajo, que estaba jugando a ganador, en una causa perdida de antemano.

Todo en él tenía una alta dosis de ingenuidad desde la cual emergía una mancha negra ensombreciendo las cristalinas aguas de su corazón. Una mancha oleosa, biliosa, nacida del desprecio, del ninguneo, del desconocimiento de sus potencialidades por su familia.

En una oportunidad, nos contaba mi abuelo, fue convocado don José del Carmen para una reunión urgente en el Liceo. Mi bisabuelo, completamente contrariado, se enfrentó al inspector general con rabiosa resignación, quien para su sorpresa lo atendió amablemente y le pidió que tomara asiento en una sala privada, contigua a la sala de profesores. Al cabo de un rato apareció sonriente el profesor de música y luego Rodolfo.

El profesor empezó por hacer un recorrido por los distintos ramos en que el alumno tenía un rendimiento lamentable, para luego de una extensa elipsis, llegar al meollo del asunto, que tenía relación con la facultad extraordinaria —bendición divina, decía él— de su voz. Sin dejar lugar para respiros y embarcado en una serie de argumentaciones sumamente coherentes, concluía que lo más razonable era emprender el camino de la profesionalización de su vocación musical, a pesar de haber cambiado la voz y de estar un poco fuera de plazo. Sacando de uno de los bolsillos interiores de su chaqueta un papel que extendió con la destreza de un prestidigitador y cuchicheando con una mirada cómplice, como si se estuviera compartiendo un secreto de estado, trasmitió el contenido del telegrama recién recibido, el que escuetamente comunicaba que Rodolfo Reyes Candia era aceptado en el Conservatorio de Música de Santiago, con una beca total, en atención a las condiciones innegables para desarrollar el arte del canto.

José del Carmen, quien a medida que la explicación se desarro-
llaba se iba descomponiendo sin remedio, tuvo la entereza de no
perder la compostura y agradecer la gentileza de la gestión. La-
mentablemente —respondió— esas cosas eran cuestiones familiares que tenían que ser resueltas en el hogar, y el liceo no tenía por
qué tener injerencia.

Pasados algunos días de silencios, Rodolfo tímidamente se acercó
a preguntarle a su padre por la respuesta, la que era requerida
insistentemente por el profesor de música. La respuesta empezó
por recriminarlo duramente por su comportamiento ocioso, siguió
con una enumeración de epítetos, difamatorios unos, reales otros.
La coronación de toda esta violenta explicación terminó con una
bofetada que botó al suelo a Rodolfo.

Todavía en cuatro pies, humillado y avergonzado tuvo que soportar algunos correazos en su espalda.

—Ociosos de mierda, los hijos que me fueron a tocar. Primero,
uno anda juntándose con anarquistas y borrachos y luego el otro
tonto grandote quiere seguir el mismo camino.

Mi abuelo lloraba cuando recordaba que en aquel tiempo estaban de moda unos zapatos puntiagudos con los cuales su padre le
propinó un brutal puntapié en las nalgas. Convaleciendo por días
en cama, empezó a sangrar de una herida en su alma que nunca
pudo sanar completamente.

Rodolfo, que había comenzado tardíamente sus estudios en el
liceo, a diferencia de Neftalí que lo había hecho muy precozmente,
sintió que la única oportunidad que tenía de zafarse de los estudios que tanto detestaba huía de sus manos. Mi abuelo no tenía la
posibilidad de refugiarse con fiereza en los libros como lo hiciera
mi tío Pablo, para desde ahí construir la utopía de un mundo diferente.

Grande fue la frustración de aquellos años. Impotencia y oscu-
ridad de no saber cuál era el camino que había que tomar.

Rodolfo hijo, mi tío, me contaba que cuando el abuelo tenía
que irse al liceo con su hermano Neftalí, a quien tenía la misión de
cuidar, lo hacía de malas ganas, muchas veces haciendo entrar en
razón al feble poeta a punta de coscorrones.

Uno puede deducir, con la distancia de los acontecimientos, que la animadversión hacia su hermano menor tenía distintos orígenes, siendo tal vez el más notorio la frustración, prima hermana de la envidia, que sentía fluir por su sangre, y de la imposibilidad de zafarse de la férrea tutela paternal. Esta distancia nunca pudo ser comprendida por Neruda, tanto como Rodolfo nunca pudo comprender su propia incompetencia en tantas labores que desempeñó a lo largo de su vida, que lo hacían añorar con nostalgia aquellos años en que era requerido para cantar en las bodas, en las fiestas y hasta en los funerales.

Mi abuela Teresa Toledo tenía un almacén que había comenzado por sugerencia de don José del Carmen. En él se vendían porotos, lentejas, frutas secas, hilos, agujas, dulce de membrillo, azúcar, hierba, etc. Todo a granel. Se llamaba La Llave y tenía una gran llave de madera que en uno de los viajes hacia el sur se llevó el tío, que nunca pudo olvidar estos juguetes que la ciudad exhibía por todos lados. Antes que el matrimonio de mi abuela se rompiera definitivamente, nos contaba que Rodolfo intentó la empresa de ser un buen comerciante, pero siempre fue mayor la atracción que sentía por las mujeres, donde finalmente iba a dar la mayor parte de las recaudaciones del hermoso almacén.

¿Por qué después nunca más se volvió a hacer un dulce de membrillo tan delicioso como el que robábamos con mis hermanos de aquel almacén?

Cuando Rudecindo Ortega pidió la mano de la hija de su patrón, dudaba que la respuesta fuese favorable. Sin embargo, habló sin rodeos: sabía que en contra de sus propósitos estaba el fantasma del amorío aquel con Trinidad Candia, cuñada de Carlos Mason, cuyo hijo nacido de esta relación —Orlando Mason— había sido adoptado por el propio Mason y Micaela, su mujer.

Pero el viejo Mason, al darle a Rudecindo una oportunidad de reivindicación no se había equivocado. Los variados negocios acometidos habían prosperado y ya no sólo se limitaban a la hospedería y los baños públicos: una panadería había sido el primer añadido y empezaban a hacer los primeros intentos con una imprenta: con Rudecindo a su lado sentía protegidas las espaldas.

Por lo demás, su hija Telésfora amaba a su pretendiente.

El matrimonio celebrado con gran jolgorio en la gran casona frente a la estación ferroviaria de Temuco contradijo a todos los temores iniciales. El primogénito de su hija Telésfora y de Rudecindo Ortega, el peón, borraría todas las culpas de su padre, que por lo demás hacía ya tiempo habían sido disueltas por la lluvia del tiempo.

El nieto de Carlos Mason no sólo se transformaría en un alumno brillante en la enseñanza secundaria sino que además lograría ingresar a la universidad en donde obtendría su título de profesor.

Este nieto, llamado también Rudecindo como su padre, tenía un innato sentido de la elegancia que le venía muy bien con su carácter suave y parsimonioso.

Un poco mayor que Rodolfo, Rudecindo en los esporádicos viajes desde Santiago, mientras realizaba los estudios superiores, se daba el tiempo para conversar con su primo de corazón cerrado. Estaba convencido de que el estudio no era el único camino para salir adelante en la vida, pero le asignaba a la perseverancia un papel decisivo, que en su padre y en él mismo había dado excelentes resultados.

—Tienes que arreglártelas solo, Rodolfo, la independencia económica te permitirá hacer lo que quieras— le decía, al tiempo que la mente de Rodolfo vagaba sin destino.

Los consejos repetidos hasta el cansancio nunca sirvieron de mucho. Ya olvidado de su papel de preceptor, en cambio, conversando de igual a igual, se confidenciaban el número de conquistas amorosas en las que Rodolfo sí tenía la delantera, pese a la elegancia del "jutre"[9] como era llamado por todos los primos Reyes, Candia, Ortega o Mason. Ahí la conversación cobraba un brillo insospechado, en el que los jóvenes tenían toda una explanada común para explorar, generalmente elucubrando sobre situaciones que rayando con lo irreal provocaba la excitación y el pretexto necesa-

---

[9]"Jutre" es una voz chilena que significa elegante o bien vestido.

rio para salir a deambular por los pecaminosos barrios nocturnos de Temuco.

Rudecindo era el ejemplo socorrido por todas las madres de la tribu de muchachos, que al atardecer jugaban en la pequeña plaza ubicada frente a sus casas y la estación de ferrocarriles de Temuco: un triángulo con algunos debiluchos ciruelos delimitados por lodazales prematuramente llamadas calles y que en primavera lograban una belleza inusitada, regando sus pétalos rosados sobre el lodo, que empezaban a anunciar el comienzo del ciclo vital de la alegría, luego de meses de lluvia.

Pese a todos los malos pronósticos de José del Carmen, influídos indudablemente por los continuos fracasos escolares de Rodolfo, Neftalí, con su precaria salud y su ineptitud en matemáticas había logrado aprobar sus años de humanidades y su bachillerato le había calificado para poder ingresar al Instituto Pedagógico de Santiago. Para el evento, la familia alteró su temporada de veraneo en Puerto Saavedra disponiendo los preparativos del viaje del futuro universitario en marzo.

Ingenuamente, José del Carmen pensaba que estando lejos de Temuco Neftalí emprendería el rumbo correcto y se olvidaría para siempre de sus andanzas por el anarquismo y la escritura insulsa de poesía que ni siquiera tenía rima. Con la mente ocupada en su carrera no tendría tiempo para divagaciones que a nada le conducían: se convertiría en un hombre de bien, como el joven y elegante preceptor, su sobrino Rudecindo.

Algo extraño sucedía y sucede con la poesía en nuestra región. Al poeta se le considera socialmente, como se puede considerar un ramo de flores o una corona mortuoria. En lo práctico, no obstante, no hay un espacio natural en donde pueda desarrollarse la escritura. El poeta en estas condiciones es un ermitaño rodeado de gente, un ser dolido y fastidiado con el sistema que le obliga a hacer tareas que detesta para su sobrevivencia. Es así la situación en la actualidad y así ha sido siempre.

Grandes escritores de la región han sucumbido irremediablemente atrapados en la red de la frustración, ya sea agotados de esperar la oportunidad de un reconocimiento que nunca llegó o por cierta expresión de un cinismo, mezcla de desdén y dolor, que provoca el asumir sus inclinaciones vocacionales y ver que el camino irremediable del escritor del sur es, en la mayoría de los casos, el camino del anonimato y del silencio, desde donde crecen montañas de papeles que el tiempo se encarga de volver amarillos, como el otoño, o como el sol taciturno del atardecer luego de extensas jornadas de lluvia.

Entre estos escritores que sobresalieron sobre el resto, se encuentran muchos compañeros de curso de Neftalí, y otros cuya diferencia de edad los hizo desencontrarse en la región: Juvencio Valle, delicado y poderoso como nuestros bosques, refugiándose de la depredación en terrenos cada vez más inaccesibles; Diego Muñoz, narrador de mirada tierna y solidaria puesta en el hombre; Juan Emar, contando los días que lo acercan a la muerte con un cascabel de relatos deslumbrantes y alucinados, como los ojos de los búhos de Cherquenco mirando desde la noche más intensa, muertos de la risa, al volcán Llaima y su refunfuñar; Teófilo Cid, mordiendo con su elegancia y su inteligencia el pañuelo sucio con las contradicciones de una sociedad que le provocaba náuseas ; Orlando Mason, envejeciendo con el recuerdo de su diario *La Mañana* en llamas que también devoraban los manuscritos de sus versos y sueños.

Pero por cada poeta olvidado surgen, como la mala hierba, otros tantos para seguir en la senda que nadie, salvo la soledad y el silencio de La Frontera, inyectó a sus corazones: cierta dosis de luz que permanece iluminando la caverna oscura del ser.

Neruda, el tío Pablo para nosotros, no fue la excepción de este estigma, que en su caso cobraba un extraño vigor por el desprecio absoluto que su padre sentía por una vocación que estaba absolutamente fuera de su comprensión .

No existen documentos fotográficos de aquella despedida familiar. Todo el clan debió haber estado aquella madrugada de marzo de 1921. El tren por aquellos años salía a las seis de la madrugada y viraba hacia la costa en San Rosendo. Una vez en Concepción se dirigía hacia Santiago, donde llegaba en la mañana del día siguiente.

Las manos sudorosas de Neftalí y cierto llanto reprimido debieron ser las señales inequívocas del temor a partir, a romper el cordón umbilical con la tierra donde se hundían sus raíces y de la certeza que desde esa cumbre que había empezado a escalar casi sin proponérselo, ya no podría jamás retroceder.

1925.
Pablo Neruda y
Alvaro Hinojosa.
En el reverso,
con caligrafía
de Neruda
e Hinojosa :
*"Para la
Laurita Reyes
llamada coneka
por mal nombre
este recuerdo.
Pablo
Alvaro Hinojosa
a la mora"*

1925, enero 24. Neruda en Temuco
con amigos no determinados.

4
Las canciones del odio[10]

[10]El título del capítulo está tomado
del título de un conjunto de poemas inéditos manuscritos,
descritos en la nota N° 5.
Aparece en la página N° 266 de dicho cuaderno.

angre, sangre caliente de los hombres,
¿adónde dejas toda tu carga de energías?
¡Responde!
Este es mi santo grito
contra las manos lerdas
que soportan tiranos hechos de barro
i mierda...[11]

1927, junio. Neruda el mismo
mes que viaja desde Santiago
con destino a Rangún
(Birmania)
como cónsul ad honorem..

[11]Fragmento del extenso poema
"El Liceo"perteneciente al conjunto de poemas
Las Canciones del Odio.
Aparece en la página N° 268.

Cuando José Santos González Vera llegó a Temuco en el invierno de 1920, rápidamente cayó en la cuenta de que su presencia no era apreciada por la familia de su amigo epistolar. El joven escritor venía huyendo de la violenta situación del asalto a la Federación de Estudiantes en Santiago, desde donde solían caer en sus manos artículos y poemas escritos en revistas, muchos de ellos con un tono anarquista semejante al discurso que él sostenía. La destrucción de los originales de su novela *El Conventillo*, junto con toda la imprenta Numen y el encarcelamiento de uno de sus propietarios, sumado al asalto a la Federación, habían sido argumentos más que convincentes para optar por la determinación de huir hacia el sur.

El encuentro sucedió en la salida del liceo, adonde González Vera lo fue a esperar vagando por la escalerilla que bajaba hasta las quintas con árboles frutales aledañas al río Cautín, en donde empezaban a establecerse las primeras casas del barrio pobre de Temuco, ganándole terreno como se pudiera al incierto lecho del río y sus invernales salidas de madre.

Luego las conversaciones se sucedieron sin descanso. A veces se les iba la tarde caminando por la línea del ferrocarril hasta llegar al puente, que Neftalí cruzaba sin mirar la corriente del río entre los durmientes, que en invierno triplicaba su cauce. Después seguían dando vueltas hasta el pequeño poblado de Padre las Casas, desde donde a veces escalaban el cerro Conun Huenu para tener una panorámica de toda la ciudad.

Era propicia la ocasión para abrirse con el amigo santiaguino de dulce hablar. La pequeñez, la intriga provinciana y la tenaz

oposición de su padre aplastaban el corazón que bullía por de-
mandar justicia, por hacer de la dignidad humana una realidad en
la cual a ellos, sentían indiscutiblemente, les tocaba una cuota de
responsabilidad.

Cuando González Vera se establece en Valdivia, como corres-
ponsal de un diario, el joven poeta vuelve a refugiarse con feroci-
dad en los libros y en la escritura de versos y artículos, que de
pronto caían en manos de José del Carmen por el soplo de alguien, o por pura casualidad.

Dentro de los pocos amigos de letras y rebeldías que eran admitidos en la casa familiar estaba el silencioso Gilberto Concha
Riffo, que como hablaba a duras penas, debió parecer absolutamente distante de toda posibilidad de constituirse en una "mala influen-
cia". Con Gilberto, que escribía también sus primeros poemas con
varios seudónimos, entre ellos el de Juvencio Valle, se mostraban
sus primeros poemas y comentaban las interminables lecturas. Neftalí
había leído *El Quijote de la Mancha* por una edición que le había
regalado su amigo entrañable, con el que pasaba la mayor parte del
tiempo, muchas veces allegados al calor de la cocina cuando el frío
arreciaba, atendidos dulcemente por doña Trinidad, mirando por las
ventanas de la cocina la lluvia interminable con un tazón humeante
entre las manos para capear el temporal.

Pero aquel año de 1920 fue un año de una soledad mayor para
Neftalí. Gilberto había partido a Santiago en 1918 y sólo regresaría
a fines de ese año, quedándose por un período muy corto en la
casa que sus padres tenían en Temuco, para luego dirigirse hacia
el campo en Bolonto, cerca de Nueva Imperial donde permaneció
por casi una decena de años al mismo tiempo que el itinerario de
Neftalí se volvería completamente distante.

Alrededor de 1915, Juvencio había tenido que regresar a Bolonto
por motivos de salud. Mucho tiempo después se referiría así de esa
etapa de su vida: "Permanece imborrable el tiempo de mi edad
escolar. El Liceo, y éste es el vivo cuadro de todos los colegios del

Sur, era una enorme construcción de madera. Por las paredes llovidas crecían hongos vegetales y las tejas se cubrían de un musgo verdoso, debido a la inmensidad acumulada...Para llegar a clases teníamos que atravesar la línea férrea. Los trenes madereros venían desde el fondo de la selva. El cargamento que ellos traían lo constituían unas tablas rojas, recién aserradas. A su paso dejaban un olor picante y silvestre que tonificaba el ánimo. Ese olor resinoso de la madera nunca me ha podido abandonar"[12].

Diego Muñoz, por su parte, que en 1916 hacía el Primer Año de Humanidades en un curso paralelo a Pablo y Juvencio, recordaba que: "las guerras, por ejemplo, que causan tanta espantosa ruina y destrucción y muerte de miles y miles de hombres y de niños, llevando la amargura hasta enormes distancias. Supimos de esto a muy temprana edad, porque estábamos en el Liceo de Temuco cuando Europa se desangraba en la Primera Guerra Mundial. Muchos de nuestros condiscípulos tenían apellidos franceses, ingleses, alemanes. Sus hermanos mayores, sus parientes fueron llamados a defender la patria. Así supimos de la guerra de 1914... En nuestra infancia vimos en hogares de amigos y de parientes el retrato de Balmaceda colocado en un sitio de honor. Es que a él, a ese gran presidente, debió La Frontera todo el progreso que trajeron los caminos, los puentes, el ferrocarril. ... Hacíamos el segundo año de humanidades cuando se produjo el acontecimiento histórico de mayor trascendencia en la época actual: la Revolución Rusa."[13]

Son relatos muy similares a más de alguno que pudo haber hecho Neruda. Los jóvenes poetas, imbuidos en el orden establecido por la sociedad "huinca"[14] dominante, tienen una relación indirecta con una cultura que permanece relegada, refugiada en los bosques que ellos también aman. Pero a su vez ellos son parte de esa cultura dominante. No aparecen en los textos de los jóvenes escritores obras dedicadas a los mapuches, pese a poseer una sen-

---

[12]Comentario sacado de antología de Juvencio Valle.

[13]Comentario extraído de *Las Tres Etapas de la Lírica Nerudiana* de Diego Muñoz, Ediciones Lastarria, 1979.

[14]"Huinca", palabra mapuche que significa invasor, agresor, usurpador o ladrón. Los mapuches casi sin excepción usan esta palabra para referirse al hombre blanco.

sibilidad privilegiada y a estar sumidos en arduas discusiones sobre los sucesos históricos en que los estudiantes, en medio de un gran debate, sentían que tenían que participar. Los focos de agitación provenían del norte del país, de las salitreras, con su carga de crueldad en el trato con los obreros y que luego derivara en una crisis que hizo crecer alarmantemente la desocupación; de la admiración por la Revolución Rusa y del deseo apasionado por revertir un orden en donde el hombre dejara de ser sólo una herramienta de producción.

Miraban despectivamente el sistema pedagógico, así por lo menos lo demuestran los innumerables textos de aquellos años en que Neftalí escribe sin pausa, diariamente.

Si se revisa la obra de Juvencio ocurre lo mismo, y no era indolencia, me parece, sino la expresión de un fuerte condicionamiento por una presencia cultural europea que "exportaba" moldes de un humanismo cargado de romanticismo como era el anarquismo, el que los jóvenes intelectuales anhelaban realizar.

En 1994, por un simple azar me encontré con 155 poemas inéditos, fotocopias de los cuadernos escolares de Neruda entre 1918 y 1921. Algunos de ellos formaban parte de sus primeras colaboraciones en diarios y revistas, otros de *Crepusculario*. En ninguno de ellos, salvo muy colateralmente, se refiere a los mapuches, también herederos de una cuota de brutalidad extrema. Estos cuadernos habían sido rematados en Londres hacía una decena de años en medio de un gran escándalo y las fotocopias con el valioso material estaban en medio de algunos papeles inservibles en el núcleo familiar. Luego los entregué a la Fundación Pablo Neruda para su publicación, quien enconmendó a Víctor Farías su preparación y estudio. Si bien estos cuadernos tienen una poesía bastante incipiente, en donde el lenguaje no quiere todavía mostrarse domado, no es menos cierto que constituyen una prueba irrefutable de lo que sostengo. *Las Canciones del Odio* es uno de los tantos intentos fallidos del poeta por encontrar su tono y en el cual la frase de Mark Twain que dice que la escritura se forma de un 10% de talento y de un 90% de transpiración, tenía una total validez.

En ese contexto se fragua la partida del joven Neruda a Santiago: en medio de una concepción comprometida agudamente con el hombre, aunque ajena a lo que ocurre con los derrotados, en cuyas tierras que les han despojado se empiezan a construir las nuevas ciudades, arrancando de los bosques las maderas olorosas para construir sus casas; en medio del deseo familiar de ver convertido al hijo en un profesional y en medio de una lucha apasionada por descubrir lo que hay detrás de estos fuegos cruzados que desatan, como los relámpagos en la noche, un asombro que no cesaba de acompañarlo.

Hacía ya tiempo que don José del Carmen había amenazado perentoriamente a Neftalí de que no quería saber más de escrituras ni cosas que se le parecieran. Los seudónimos, que en un comienzo lograron ser eficaces para esconder la identidad, con el tiempo se volvieron completamente inoperantes. Lo delataba la correspondencia, muchas veces abierta para estudiar los contenidos, o la evidencia de una encomienda sospechosa que muchas veces traía varios ejemplares de alguna revista, en donde seguramente su participación era algo más que la de un simple lector.

El hecho es que en un arranque de furia, el conductor, que con buenas palabras le había demostrado que lo mejor que podía hacer era sacar una profesión, y que ya había indagado entre sus amistades ferroviarias posibilidades de pensiones en Santiago, un día irrumpió violentamente en la pieza de su hijo, la cual daba hacia el patio, en el segundo piso.

Un puntapié feroz quebró las repisas donde se almacenaban libros y escritos, las ropas saltaron por los aires, y por la ventana empezaron a salir disparados todos aquellos cuadernos que tuvieran la sospecha de tener algo que ver con la poesía. Luego en el patio, ante la mirada atónita de todos, el montón de papeles y algunos libros fueron encendidos en una hoguera que dejó temblando al aprendiz de poeta.

Las amenazas proferidas, que ya habían tenido una contundente expresión de crueldad con Rodolfo, su hijo mayor, tuvieron un efecto de intimidación terrible sobre el núcleo familiar.

Neftalí se sintió dolido en lo más hondo y anduvo varios días deprimido y cabizbajo, hasta que en algún momento mágico Laurita le hizo una sigilosa seña para que la acompañara hasta su pieza sin que se dieran cuenta los demás. En medio de interminables prendas de ropa, sábanas y cachureos y cuadernos escolares, con una pequeña sonrisa de complicidad y poniendo su dedo índice en cruz sobre los labios de su hermano, le mostró su pequeño tesoro: los cuadernos escolares en donde Neftalí escribía sus poemas y que ella eventualmente le ayudaba a escribir cuando ya estaba clara la versión definitiva y le quedaba tiempo en medio de sus obligaciones como estudiante del Liceo de Niñas.

Ese momento lleno de ternura selló para siempre la alianza que los hermanos habían fundado cuando se conocieron de niños en San Rosendo. Laurita sería para siempre su leal confidente, porque sabía a ciencia cierta que jamás lo delataría con su padre.

Con su madrastra el asunto era diferente. Ella se preocupaba de volver a colocar las cosas en su sitio en silencio, sin hacer cuestión ni juzgar los hechos acontecidos. Ella sentía que su misión era recoger al caído sin establecer los culpables: su dulzura la inhabilitaba para actuar de otro modo.

Luego del incidente, Neftalí se volvió sumamente cuidadoso y temeroso frente a su padre. Sólo anhelaba la distancia y el tiempo necesario para haraganear buscando en el horizonte oscuro de su vida alguna posibilidad de desarrollar lo que tan fuertemente le habitaba.

A pesar de las hostiles actitudes de su padre frente a lo que era percibido como una vocación irreprimible y del temperamento aparentemente sumiso y tímido, Neftalí en 1920 se había animado a formar el Ateneo Literario de Temuco, que más bien era una cofradía secreta que una organización pública. En su calidad de presidente y de amigo de la poetisa y directora del Liceo de Niñas de Temuco, Gabriela Mistral, con palabras confusas y temblando de vergüenza acudió a ofrecerle el título de Miembro Honorario del Ateneo, la que aceptó el ofrecimiento más que nada por consideración a la calidad de su poesía que por alguna consideración social, ya que era por todos sabido que existían profundas asperezas entre la sociedad temuquense y la temperamental poetisa.

Casi al finalizar 1920, para ser más exactos el 12 de octubre, aparece en Santiago el primer número de *Claridad*, un "periódico semanal de Sociología, Arte y Actualidades" hecho por estudiantes universitarios. Hasta antes de eso no existía en el país un espacio en donde las voces de los jóvenes poetas cargadas de un discurso anarcosindicalista, pudieran expresarse a sus anchas.

Desde 1918 ya los primeros poemas de Neruda habían aparecido en la revista *Corre Vuela* con cierta frecuencia en las secciones "colaboración espontánea" y "musa chilena", además de algunos artículos aparecidos en el diario *La Mañana* de Temuco donde su "tío" Orlando Mason y en la revista *Selva Lírica*. Pero no bastaba, aquellos universitarios sentían que se necesitaba una tribuna para remecer al sistema.

Al hojear en el silencio de la vetusta Biblioteca Nacional de Santiago los ejemplares ajados de *Claridad*, uno se pregunta si esos jóvenes no intuirían los años de furia que por muchos años se desatarían en nuestra patria y en Latinoamérica. Aquéllos eran los momentos en que pudo haberse conciliado en los hechos la "justicia social", como ha sido llamada ampulosamente cierta forma de teatralización que se hace para tratar de revertir un orden enraizado profundamente en las almas y las mentes, que considera históricamente la existencia de la desdicha como parte inherente a la condición humana.

Converso con algunos amigos políticos y altas autoridades. Es consistente y sincero el convencimiento de que se está avanzando en disminuir la brecha entre una clase desposeída y otra clase que vive en el hartazgo. Además es real. ¿Pero es ése solamente el problema de fondo? Porque si fuera solamente ése el problema las naciones autodenominadas desarrolladas debieron haber resuelto hace mucho tiempo sus contradicciones más fundamentales, entre ellas la necesidad de constituir unidades autosustentables, respetuosas del entorno y ajenas a esa especie de chantaje internacional en donde es realizado el intercambio comercial con los países "en vías de desarrollo". Desde cierto templo de oración transformado en cueva de ladrones, ya fueron expulsados otros mercaderes. Sus émulos, inevitablemente, tendrán que correr la misma suerte en manos de la aplastante presencia del Cristo que habita en el hombre.

El concepto de "desarrollo", creado y difundido por el presidente Harry Truman ante el congreso norteamericano en 1949, estableció un patrón, una forma de vida, con la cual podernos comparar. Nuestra composición cultural mirada peyorativamente, tenía que imitar el molde establecido, lo que significaba de alguna manera, negar lo que somos para proyectar nuestros anhelos a la medida de los dictados de esa especie de "policía del mundo" en que se han ido convirtiendo los Estados Unidos. Antes de eso los latinoamericanos desconocíamos el significado de la palabra "subdesarrollo".

Sin embargo, cuando los norteamericanos asumieron que debían ayudarnos a realizar su sueño americano, hicieron tabla rasa de la diversidad desde donde culturalmente nos nutrimos a pesar de compartir un mismo territorio. Nuestra singularidad en relación con otras culturas y la propia comunidad no tenían, para esta concepción, ninguna validez.

En dos palabras, para las naciones desarrolladas pasamos a ser un elemento, que sumado a su aparato producción, les ayudaría a fortificar su incansable sentido de avaricia a cambio de dejar de ser los brutos ignorantes que éramos.

Pasados los años, las propias naciones autodenominadas desarrolladas, contaminaron y talaron sus aguas y bosques cayendo en la cuenta de que la idea de desarrollo era una idea muerta hacía ya mucho tiempo sin ninguna posibilidad de resucitarla: sólo de estudiarla con las técnicas de la arqueología.

Paralelamente, la vista vuelta hacia Latinoamérica comenzó a ser diferente: parecía ser que aquellos habitantes originarios y que al momento de la conquista estaban en el paleolítico o neolítico, según los antropólogos, tenían de alguna manera la clave para no entrar en conflicto con el planeta; parecía ser que aquellas naciones "subdesarrolladas" no solamente podían ser proveedoras de materias primas, con una retribución de tecnología o mano de obra añadida —práctica añejamente colonialista y una de las importantes razones por las cuales se produce la emancipación de muchas de las naciones latinoamericanas— sino una fuente de sabiduría para resolver cuestiones de fondo que el "desarrollo" no había podido resolver.

Los sucesos de 1920 en Chile, asombrosamente parecidos en algunos aspectos a los vividos en 1973, sostenidos por la misma carga de violencia generada por una clase dominante e indolente, pudieron haber llamado la atención de la necesidad de una búsqueda de identidad cultural que mirara sus contradicciones y encontrara sus caminos.

En los dos casos, jóvenes apasionados querían construir una sociedad socialista que le devolviera la dignidad al aplastado obrero de las salitreras, por ejemplo, denunciando a políticos corruptos, involucrándose con toda su capacidad artística e intelectual. Desde la reivindicación de situaciones de injusticia totalmente reñidas con la condición humana, podría haberse intentado la reivindicación nacional e internacional más importante: dar el salto hasta el fondo de nosotros mismos como individuos o como nación, da lo mismo: es lo mismo.

Entre 1920, a pocos años de la Revolución Rusa, y 1973 todavía sumidos en el convencimiento de los dictados del mismo sistema que ya empezaba a hacer agua por todos lados, se desarrolla la obra de Neruda con un obvio denominador común: el hombre. Una fuerza centrífuga que expande la dimensión de la piedad humana hasta límites distantes, intolerables por quienes solazados por hábitos onanistas, se dejan acariciar dócilmente por el sistema y se irritan ferozmente si el "orden"es tocado, ya que éste les provee de una cuota inagotable de placer.

Aun cuando es poco probable que los cambios propugnados por los jóvenes chilenos en aquellos aciagos años de 1920 —herencia directa de la revolución rusa entre otros factores— o la instauración de un sistema socialista que muchos defendieron con su vida en 1973, hubieran podido revertir la intolerancia de no

entender que el dolor humano es la expresión de lo que indivi-
dualmente somos cada uno de nosotros, no es menos cierto que se
estuvo cerca de realizar esta gran utopía: y qué magnífica lección
de silencio y de luz nos dejó este habitante entre estos dos hitos
históricos.

En este siglo figuras como la de Neruda, nacidas en medio de
una familia común y corriente, con una actitud llena de pasión, se
elevan sobre muchos otros seres exigiendo, implorando que se
mire en dirección del horizonte y no su mano, desde donde magníficos crepúsculos nacidos en una calle miserable pueden trans-
formar el día en algo único e irrepetible, involucrado con lo coti-
diano y lo contingente, pero también profundamente involucrado
con lo trascendente que nace de lo que pareciera no tener valor.

En este caso la poesía nacida del joven revolucionario al calor
de sucesos político-sociales, sirve a los propósitos de una circunstancia, muy tempranamente. No pasaría mucho tiempo para que el
mundo percibiera de que este aspecto, respetable por cierto, consti-
tuía apenas la punta de un *iceberg* de un ser que escondiendo su
inmensidad en el fondo del océano, sabía sin decírnoslo que era
parte de una alegría mayor: la de saberse vivo y feliz en los demás.

El 9 de julio de 1921, casi apenas llegado a Santiago, Neftalí leyó
en el periódico *Claridad* el artículo siguiente: "Primer Aniversario
del Asalto y Saqueo de la Federación de Estudiantes".

> "El 21 de julio próximo cumplirá un año desde que una manifestación
> patriotera asaltó y saqueó nuestro antiguo hogar.
>
> "Después de despedir en la estación Mapocho a los reservistas movi-
> lizados por el presidente José Luis Sanfuentes, obedeciendo única y
> exclusivamente a planes políticos, la columna de manifestantes se
> dirigió a La Moneda, desde cuyos balcones pronunció un vibrante
> discurso el honorable senador por Concepción don Enrique Zañartu
> Prieto, quien manifestó, entre otras cosas, que los enemigos no sólo
> estaban en el norte sino también en el propio corazón de la república.
>
> "A los pocos instantes, a la 1 1/2 de la tarde, y con la complicidad mas
> absoluta de la policía, fue brutalmente saqueada nuestra casa.

"En el presente mes cumplirá un año desde que se verificaron estos delictuosos sucesos: ¡sin embargo la justicia aún tiene procesados a los compañeros que defendieron nuestro hogar e impunes los criminales!

"En la sesión, del 5 del presente mes, el Directorio de la Federación acordó:
1° Conmemorar este aniversario con una gran romería a la tumba de nuestro compañero Domingo Gómez Rojas;

2° Hacer un paro de estudiantes de 12 horas a contar de las 12 del día de esa fecha."

En unas páginas más adelante se indicaba la conformación del Soviet de estudiantes: "Lux", formado por estudiantes de medicina; "Spartacus", por estudiantes de Bellas Artes; "Renovación", por estudiantes de Leyes; "Rebelión", por estudiantes de instrucción secundaria, e "Insurrección" conformado por estudiantes de comercio.

Desde su domicilio en la modesta pensión en la calle Maruri 513, en un barrio detrás de la estación Mapocho en Santiago, era ahora el protagonista directo de lo que apenas hacía un año, luego de encontrarse con González Vera en Temuco, sobreviviente del asalto a la federación de estudiantes, veía como el lejano camino que debía seguir.

Su suerte ya estaba echada. Tendría que recorrer una senda en tiempos turbulentos totalmente impregnado de los sucesos que por esos días corrían, pero anegado de silencio.

De estas dos vertientes empezó a nutrirse el mito llamado Pablo Neruda: un tímido joven temucano llamado por sus padres Neftalí Ricardo Eliecer Reyes Basoalto, hijo de Rosa y de José del Carmen, involucrados por los dados del destino en la existencia de un ser que a pesar de su silencio tendría que hablar hasta el día de su muerte.

Segunda Parte

ÁLBUM

1
Cartas a Laura Reyes
1932-1938[15]

–De María Antonieta Haagenar Vogelzanz
–De Pablo Neruda
–De José del Carmen Reyes Morales

---

[15]Estas cartas fueron celosamente guardadas durante largos años
por Laura Reyes Candia, hermana de Neruda.
Posteriormente con una parte de los originales entregados por Laura al escritor
y estudioso nerudiano, Hugo Montes,
se editó el magnífico libro "Cartas a Laura" (Ed. Andrés Bello, 1991).
La historia de la familia que se cuenta en dicho prólogo,
naturalmente difiere en muchos aspectos con la consignada en este libro,
fundamentada tanto por documentos originales de la época
como por algunos testimonios directos.
Las razones para ocultar la verdadera historia familiar
son diversas y complejas, pero es problable que el tratar de mostrar un núcleo familiar
sólidamente constituído, sea la principal.
Tía Laura, como principal sostén de la cohesión familiar
contó siempre entonces la historia "oficial" reservándose, por las razones que le
aconsejaba su ternura, aquella otra que según su opinión se debía olvidar.

1927. Fotografía a su hermana. En el reverso con letra de Neruda:
Feliz año 1927. Melipilla 1 de enero.
Querida conejita. He postergado mi viaje hasta el 1° de febrero.
Hasta es posible que vaya a verlos antes de partir.
Te escribo desde este pueblecito donde estoy con mi pequeña Lala,
que firma aquí para mandarte cariños.
Lala.

1929, mayo 27.
Laura Reyes con su madre Trinidad Candia
y su padre José del Carmen Reyes, en la puerta de la casa en Temuco.
Yo también firmo con mi firma jeroglífica y soberbia.
Pablo.Cómo me hallas? Tengo cara de Feliz?

*E*l martes 14 de junio de 1927 Neruda sale de Santiago de Chile con destino a Rangún donde había sido nombrado cónsul *ad honorem*. Lo acompaña su amigo Álvaro Hinojosa.

Luego de cruzar la cordillera se embarca en Buenos Aires en el *Baden* en dirección a Lisboa, Madrid y París en donde permanece un corto tiempo para luego llegar a su destino final.

En 1928 es nombrado cónsul en Colombo (Ceilán) y en 1930 cónsul en Batavia (Java). Ese mismo año, el 6 de diciembre, se casa con María Antonieta Haagenar Vogelzanz, de origen holandés.

Es nombrado cónsul en Singapur en 1931 y regresa a Chile en 1932, luego de un aturdidor viaje de dos meses.

En 1934, el matrimonio viaja nuevamente a Barcelona, donde ha sido nombrado cónsul y el 18 de agosto nace su hija Malva Marina.

En 1935 es nombrado cónsul en Madrid y es destituido de su cargo en 1936 , el mismo año que comienza la guerra civil española.

Entre los años 37 y 38, el matrimonio se rompe. Luego el 8 de mayo de 1938 fallece su padre y el 18 de agosto su madrastra. Malva Marina, quien padecía de hidrocefalia, fallece en 1942 en Holanda.

Estas cartas de María Antonieta a Laura Reyes y la familia, más una nota de Neruda y una carta hecha por su padre en el lecho de muerte, permiten hacer un poco de luz sobre un período de la vida del poeta que ha quedado algo oculto por el dolor de ciertas circunstancias personales e históricas, que son asumidas como algo muy íntimo .

Santiago, 2 de mayo 1932.   Ver p. 171

Mi muy querida Laura,
    Aquí están las fotografías y filmes. No todas son buenas, me gusta mucho los números I, II, III y IV. When you have the other copies made, will you please send the films back to me? Quiero mandar unas copias a mi mamá. Ahora estamos en el pensión, Santo Domingo 736, cual es muy bueno y barato, pagamos para dos personas 400 pesos. El cuarto es muy grande. Los primeros 3 días estamos con Rudecindo Ortega, me gusta mucho su esposa, es muy simpática y los niños son muy bonitos.[16]
    Hemos visitado a Roxane e Iris y encontrado muchos de los amigos de Ricardo. Qué lástima que ud. no puede estar con nosotras! Me gusta mucho Santiago, que gran ciudad! El clima es muy bueno, no tan frío como Temuco.
    Recuerdo siempre los días tan felices en su casa con toda la familia. Cómo están la Mamá, el Papá, Raulito, Rodolfo, la Teresita, la Christina y ud. Konejita. Escriba a nosotros lo mas pronto posible.
    Muchos abrazos para todos, también de
    Ricardo, y su Maruca.

UNIVERSIDAD DE CHILE   Ver p. 172
DEPARTAMENTO DE EXTENSIÓN CULTURAL
Santiago, 13 de mayo 32

Mi querida Laura,
    Ricardo está enfermo en cama, creo que estará bien mañana.
    Muchas gracias por su carta y la cama que todavía no usamos.-

---

[16]En la carta se alude a Rudecindo Ortega Mason, hijo de Rudecindo Ortega y Telésfora Mason Candia, nieto de Carlos Mason. Rudecindo fue Ministro de Educación durante el gobierno de Pedro Aguirre Cerda. Carlos Ibáñez lo nombró delegado permanente en Naciones Unidas. Además fue senador de la república, diputado y gran orador.
    "Raulito", es Raúl Reyes Toledo, sobrino de Neruda, hijo de su hermano Rodolfo. "Teresita" es la madre de Raúl y "Christina" es Cristina Reyes, hermanastra de Raúl. "Konejita" es el apelativo inventado por Neruda para referirse, con diversas variantes, a su hermana Laura. La firma de Maruca o Maruquita es de María Antonieta Haaggenar.

Ricardo dió una conferencia en la Posada del Corregidor con mucho éxito, fué presentado al público por el sub-secretario de Relaciones. Ud lo verra en los periódicos.

En "El Peneca" próximo sale el retrato de Raulito. En "El Mercurio" saldrá una entrevista a mi Pablito Nerudita. El está trabajando en el Ministerio de Relaciones con 400 pesos, lo justo para pagar la pensión. Es muy poco y no podernos comprar vino y uvas, pero es una ocupación transitoria, en espera de algo mejor.

Estamos buscando una casita barata o departamentos con baños. No le gustamos mas la pensión, el baño es muy malo y vamos a los baños públicos y pagamos cada vez 4.40 p. para nosotros.-

Pensamos mucho a la Mamá, al Papá, a ud. y a la otra familia y espero que todos estén bien.

Nuestras saludas a todos nuestras tías, tíos. primos (as), sobrinos (as), su amiga, quien vive con ud. (he olvidado su nombre) y las servientes, y muchos abrazos para la Mamá, el Papá y ud. de Ricardo[17] y Maruca.

PD Recuerda ud. cuanto cuesta el género verde en la tienda a Temuco, que Ricardo quiere comprar para mí?

REPÚBLICA DE CHILE   Ver p. 173
MINISTERIO DE RELACIONES EXTERIORES
Santiago, el 8 octubre' 32

Mi querida Laura,

Hace mucho tiempo que no he escribido a uds., pero espero que uds. me perdonan, porque yo tengo tantas cosas que hacer y salimos mucho. He solamente escribido a mi mamá, de quien he recibido muchas cartas y ha mandado muchas saludas a uds. Yo no he escribido tampoco a mis amigos en Java, yo no tengo tiempo,

---

[17]La referencia a "Ricardo" que hace María Antonieta, es a Pablo Neruda. Ella prefería llamarlo de ese modo o como Neftalí, nombres reales del poeta.

espero que uds. me creen. Pero pensamos y hablamos mucho de uds. y los otros parientes y estamos muy tristes que ud. mi querida Laura, no puede estar con nosotros. Queríamos cambiar nuestro departamento con uno otro mas grande, para que ud. pudiera vivir con nosotros, pero la vida es tan cara ahora, que es mejor quedarse aquí. Neftalí recibe de su sueldo de $ 1.500 solamente $ 1.100, los primeros dos meses ha recibido medio sueldo y tenemos muchas cosas que pagar para nuestra casita. De todas maneras haremos es posible para que ud. venga a estarse con nosotros un mes, muy pronto.

Y cómo están uds? Esperamos bien.

Nosotros estamos muy bien. Yo soy mas flaca, he reducido 8 Ks, lo que me gusta mucho, Neftalí es un poquito mas gordo, lo que no le gusta.-

Tenemos tan muchos amigos, somos grandes amigos del Ambajador de España, Ricardo Baeza y su esposa, especialmente el ambajador quien es un escritor, tiene un gran cariño para Neftalí. Su esposa es muy simpática, me gusta mucho.

Tomás Lago ha casado a la Irma Falcón el mes pasado, ud. la conoce? Ella es una muchacha muy simpática.

Mi querida Laurita, puede ud. mandarme las flores, las violetas, que ud. ha hecho a la escuela? Yo las necesito muy, muy pronto para mi traje disfraz para la fiesta el sábado próximo. Puede ud. mandarme todas si tiene y muy pronto a la dirección, Calle Catedral 1155, 3er piso, dept. 5.

Yo debo todavía agradecer a mi querido papá para mandarme las fotografías y el libro que guardaré siempre con el mayor cuidado.

Muchas saludas a Rodolfo, la Teresa y Raulito y los otros parientes y amigos, y un abrazo para la Mamá, el Papá y ud. de

Maruca y Neftalí.

P.D. un amigo de Neftalí ha traido para ud. a Temuco un libro de la nueva edición de los Veinte Poemas.

El es un muy buen poeta.-

1929, abril
En el reverso
con letra de Neruda:
*Wellawatta, Ceylán
abril 1929.*

En el reverso
con letra
de su primera
esposa:
*Ricardo
con amiguitos
javaneses
en el
parque.*

En el reverso con letra de su
primera esposa,
María Antonieta Haagenar:
*Ricardo en la ciudad
vieja Batavia.*

En el reverso,
con letra de su primera esposa
María Antonieta Haagenar dice:
*Ricardo con dos chilenas,
sta. Elvira Santa Cruz
("Roxane"),
sra. Figueroa de Matta,
turistas. Marzo 31.*

1931, febrero
Neruda en Singapur.
En el reverso con letra
de su primera esposa:
Ricardo y el
Cónsul de América
frente a unas ruinas-
Feb. 31.

1931.
Neruda en Singapur
donde fue cónsul.

REPÚBLICA DE CHILE   Ver p. 175
MINISTERIO DE RELACIONES EXTERIORES
Santiago, 14 abril 33.

Mi querida Laura,

He sentido mucho que no podía venir a Temuco a verlos y espero que podamos venir juntos el próximo verano. El otoño en Temuco es demasiado frío para mi y no teníamos bastante plata para pagar mi viaje.

Este año vamos a ahorar plata para estar con uds. sin falta en Enero 34. Neftalí tenía una semana muy agreable con uds, los parientes y ....amigos!

Millón de gracias para todos los regalos que Neftalí me ha traído de uds., especialmente la gansa, que ha muy rica y la hemos comida en un día. Tambien muchas gracias para los tíos que me mandaron las manzanas mas bonitas y ricas.-

Lo siento mucho que la Mamá no siente muy bien todavía después la operación, pero espero que sera mejor cada día. Me alegro que el papá está bien como siempre. Y cómo está ud., Laurita, especialmente su garganta. Neftalí le gusta mucho la bufanda, que ud. le regaló, es verdaderamente muy bonita. Qué habilosa es Ud.! Neftalí la mandará la plata tan pronto como la recibe. No vamos a Valparaíso, porque somos tan pobres.

Aquí está una fotografía de mi en la primavera del año pasado. Siento mucho que no ha venido a Santiago, pero espero que vendrá pronto.

Muchos saludos y abrazos para uds. y parientes de
Maruca y Neftalí

Todavía muchas gracias para la fotografía de Neftalí, que me gusta mucho.

Neftalí y yo la felicitan con su cumpleaños en el 18 próximos y ya la mandaremos un regalo.-

Neftalí ha estado muy enfermo con un grave gripe. Hoy es el primer día que ha ido a la oficina; por eso no podimos echar esa carta al correo. Otro abrazo para todos uds. de
Maruquita y Neftalí.

REPÚBLICA DE CHILE   Ver p. 177
MINISTERIO DE BIENESTAR SOCIAL
Santiago, a 3 de Mayo de 1933.

Querida Laura:

Siento enormemente lo que pasa y espero que mi papa se mejorará muy pronto. Te ruego me anuncies cada día su mejoría.
Hace varios días que te envié al correo N° 2 un jiro por $ 15.- que
espero habrás recibido.

Estamos ansiosos por la salud de mi papa asi es que te ruego
me escribas todos los días.

Pablo

EMBAJADA DE CHILE   Ver p. 178
Madrid, 3 de Febrero 1935.

Mis queridos padres y Laurita,

No hemos podido escribir antes, yo por estar ocupada todo el
tiempo con la niña y Pablo por estar ocupado con sus trabajos
literarios y sus cambios en la carrera. También el hecho de no estar
en un lugar fijo nos quita las ganas de escribir, pues hace ya años
que andamos como los músicos viajeros. Pero ya podemos anunciarles, que desde hace unos días Neftalí ha sido nombrado agregado a la embajada en Madrid, sin perder su cargo de cónsul.

Aún que hemos tenido que sacrificar una gran parte del sueldo,
estamos muy contentos porque Madrid es el lugar mas importante
para sus libros y los triunfos que aquí obtenga le serviran mas que
todos los que ha obtenido hasta ahora. Los periódicos y todos los
intelectuales le han recibido con mucho entusiasmo y en una conferencia, dada en la Universidad de Madrid le han declarado el
mejor poeta de América. Naturalmente estos triunfos de Pablo causan muchas envidias y calumnias en Chile, pero estas hay que
tomarlas como cosa natural. No hay triunfos ni verdadero valor sin
envidia y gente ruin.

Malva ahora tiene 5 1/2 meses y esta muy rica. Ha crecido y
engordado mucho, tiene 71 cm. de altura, mientras tenía 47 cm.

cuando nació, lo que me asusta mucho, porque me sentiré tanto si llega ser tan alta como yo. Es una chica siempre tan contenta, no llora nunca, esta sonriendo todo el tiempo. Todo el mundo la quere mucho y la encuentra muy linda y inteligente. Hace unos días esta comiendo una papilla como una persona mayor sin hecharla. Toma también jugo de naranja, tomate y uva con azúcar y unas gotas de aceite de bacalao.

Tiene un tratamiento de rayos ultra violeta para fortalisar los huesos, lo que es bueno para toda la salud en general. Aquí les mandamos una quantidad de fotografías tomadas en nuestro balcón.

Hemos cambiado de departamento en el mismo edificio, donde tenemos mas confort y una vista en la sierra mas hermosa.

Neftalí está hace una semana en cama con un bronquitis sin gravedad, pero tiene que cuidarse mucho. El invierno en Madrid es insuportable para nosotros, sufrimos mucho del frío, hace una semana tenemos una temperatura de 7 grados bajo cero.

Mi querido Papá, recibimos su carta y le agradecemos por su gran simpatía y cordialidad. Mi Mamá está muy contenta que uds. me queran tanto y les manda mucho cariño.

Dice que es una gran lástima que no sabe español para poder escribirles y conocerlos mas intimamente.

Malva manda muchos besitos a sus abuelos, tías y tíos, sobrinos, etc, etc. y de nosotros grandes abrazos y mucho cariño su hija

Maruca.

Madrid 2 de Mayo de 1936.   Ver p. 180

Mi querida Mama,

Hemos recibido su carta hace algun tiempo y esperamos que ud. nos perdonara el silencio tan largo en contestarle. Siempre y siempre los recordamos a todos uds. con muchísimo cariño y mucho deseo de escribirles una larga carta, pero al fin nos faltó la gana porque teníamos que escribirles malas noticias de nuestra Malvita. Cuando tenía algunos meses, descubrimos que en efecto de su difícil nacimiento (aunque yo no he sufrido nada), su cabecita empezó a crecer demasiado, una enfermedad que los mejores médicos de Madrid y Paris no sabían curar, lo que era desesperante para nosotros. Hemos estado en esa circunstancia por muchos meses, hasta que un médico homeopático nos dió alguna esperanza de curarla, en que ha tenido éxito y podemos contarles ahora con tranquilidad que hace algunos meses la cabeza de Malvita no ha crecido mas y esperamos que siga asi. Por lo demas ella siempre ha estado de muy buena salud, teniendo mucho apetito y creciendo mucho. Esta un poco atrasada por su enfermedad, no sabe andar todavía, habla algunas palabras y sabe cantar. Es mi angel siempre tan paciente, siempre de buen humor y alegre. No nos molesta nunca, estamos muy contentos con nuestra hijita, con su carita tan linda y su cuerpecito tan bonito. Ahora tiene 20 meses y tiene la altura de un niño de 3 años, mide 88 cm.- Neftalí está trabajando mucho, desde que está substituyendo a Gabriela Mistral y dirigiendo la revista "Caballo Verde", que tiene mucho éxito en España y Sud-América. Tenemos una casa muy linda, con mucho sol y un gran balcón, donde Malvita toma baños de sol. Pensamos mucho a nuestra hermanita Laurita, que podría vivir con nosotros aqui, pero el viaje es tan caro y no podemos nunca ahorrar un céntimo, porque la vida en España es terriblemente cara y estamos siempre muy pobres.

Las cuentas de los médicos nos casi han arruinado. Hemos también recibido una carta muy cariñosa de nuestro abuelo don José Angel, a quien siento mucho nunca haberle conocido. Neftalí esta pensando en una manera de ayudarle y le escribira muy pronto. Tenemos muchos deseos de oir de uds. muy pronto, que sigan muy bien de salud. Desde ahora vamos a escribirles muy amenudo. Con todas esas buenas intenciones y muchos recuerdos a todos los demas parientes, Rodolfo, Teresita, Raulito, tías, tíos, etc. etc., los abrazamos con mucho cariño a ud. Papa y Laurita, su

   Maruquita.

   Neftalí escribirá la próxima vez.

La Haya, el 2 de Septiembre de 1937   Ver p. 181

Mi querida Mama,
    Ya han pasado muchos meses que no les he escrito. Es que hemos vivido en un tiempo horrible, de guerras, de viajes y muchas miserias con una chiquita enferma. Todo eso nos quita la gana de escribir, no es la falta de cariño para uds. Los recuerdo siempre y siempre con muchísimo cariño. Lo siento tanto que esta ud. enferma, mi unico deseo es que ud. se mejore muy prontito.-
    Neftalí esta de viaje a Chile y llegara en Valparaiso mas o menos el 8 de Octubre. Ya les contara todo. Espero que los encuentre bien a todos.
    Saludos muy cariñosos para todos y un fuerte abrazo para ud. mi querida Mama, de su hija
    Maruca.

Temuco, Abril 8 de 1938.-   Ver p. 182
Señor Jefe de Estación
Presente.-

Muy señor mio:
    Por encontrarme gravemente enfermo en cama, le ruego tener la bondad pagar mi sueldo del mes ppdo. a la señora Mercedes González de Lagos, y para cuyo objeto le envío la tarjeta correspondiente.-
    Saluda muy Atte. a Ud.
    José del Carmen Reyes Morales
    (Jubilado)

1932, abril 26.
Neruda en Temuco
junto a sus hermanos Laura y Rodolfo Reyes.
Fotografía tomada en el frontis
de la casa temucana.

1932, abril 26.
Neruda con su familia
en la puerta de la casa en Temuco.
Su padre José del Carmen Reyes Morales;
su hermana Laura Reyes Candia;
su hermano Rodolfo Reyes Candia
y su madrastra Trinidad Candia Marverde.

1935, diciembre. En Temuco.
En el frente, de izquierda a derecha,
Laura Reyes, Trinidad Candia
y José del Carmen Reyes.

1937.
Pablo Neruda y su hermana
Laura en Temuco.

1937.
Neruda con su hermana Laura
y su madrastra
en el patio
de la casa familiar
en Temuco.

1937, noviembre 16.
Pablo Neruda
y su sobrino
Raúl Reyes Toledo
en Temuco.

1938.
Neruda
con su padre en la
puerta de la casa
en Temuco.
Fotografía de
comienzos de año.
El 6 de mayo
de ese mismo año
fallecería
don José del Carmen.

Neruda
en los años treinta.

1939.
En el reverso,
con letra de Neruda:
*Don Ricardo
antes de las malas nuevas.*

1940, marzo 12.
Laura Reyes y su esposo Ramón Candia en Concepción.

2
Cartas a Laura Reyes
1949-1954[18]

–De Delia del Carril
–De Pablo Neruda
–De Nicolás Guillén

---

[18]En esta segunda parte de las cartas enviadas a Laura,
teniendo ahora como compañera a Delia del Carril,
el poeta ya se ha transformado en un personaje de fama mundial,
pero con necesidad de resolver como cualquier ciudadano,
tanto problemas de gran importancia como asuntos domésticos.
La cantidad de acontecimientos históricos vistos desde la perspectiva íntima y familiar,
tanto por Delia como por Pablo,
enriquecen la comprensión de ese período
gracias al conocimiento de estas cartas.

1946. Con caligrafía de Neruda:
entierro de Julio Ortiz de Zárate- 1946- invierno.
Entre otros están sus amigos el poeta Juvencio Valle
(atrás de izq. a derecha) y el escritor Diego Muñoz
(de barba, al lado de Delia),
ambos procedentes del viejo liceo de Temuco.
En el extremo izquierdo, Delia del Carril, su esposa.

Solo el 24 de febrero de 1949 Pablo Neruda logra atravesar la cordillera de Los Andes a la altura de Osorno, burlando el cerco policial establecido por el mediocre gobierno de un "aprendiz de tirano", según las palabras del propio poeta.

González Videla, quien salió elegido presidente de la república gracias a la votación y a la campaña realizada por el Partido Comunista entre otras fuerzas políticas, y que gobernó al país entre 1946 y 1952, muy rápidamente olvidó sus demagógicos pactos políticos, efectuando en cambio algunas cabriolas dignas de alguna comedia del absurdo, que terminan con la instauración de una gran represión anticomunista.

Neruda, elegido senador de la república en marzo de 1945 por las provincias de Tarapacá y Antofagasta, había leído ante el Senado un discurso, publicado más tarde con el nombre de "Yo Acuso", que había provocado que la Corte Suprema aprobara su desafuero el 6 de enero de 1948. Los Tribunales de Justicia habían ordenado su detención el 5 de febrero de 1948.

Sin embargo es asombroso observar cómo logra realizarse una obra poética en medio de tan confusos y vertiginosos acontecimientos.

En efecto, todo aquel año en que tiene que vivir cambiándose a diario de casa, en medio de una persecución implacable, trabaja incansablemente en su libro *Canto General*.

Luego, ya en el exilio, su actividad literaria y pública adquiere un vigor inusitado desde el mismo año de su salida del país, en 1949. Sus libros se editan en Alemania, Checoslovaquia, China, Dinamarca, Hungría, Estados Unidos, Unión Soviética, México, Cuba, Colombia, Guatemala, Argentina, Italia.

En 1950, el permiso constitucional otorgado por al presidente del senado don Arturo Alessandri, caduca al mismo tiempo que se suceden invitaciones a Guatemala, a Checoslovaquia, a Francia. El 22 de noviembre junto con Pablo Picasso asiste al recibimiento en Varsovia del Premio Internacional de la Paz por su poema "Que despierte el leñador". En la Unión Soviética las tiradas de las ediciones del *Canto General* alcanzan a los 250.000 ejemplares.

En el mes de enero de 1951 realiza una gira por Italia; en marzo se encuentra en París; en mayo en Moscú, participando de paso en ese período en el Festival Cinematográfico de Karlovy Vary y en Festival de Arte Popular de Moravia. Luego hace entrega en Pekín del Premio Internacional de la Paz a Mme. Sun Yat Sen, en nombre del Consejo Mundial de la Paz. En 1952, residiendo en Capri, Italia, inicia su libro *Las Uvas y el Viento* y aparecen en edición privada y anónima *Los Versos del Capitán* dedicados a la que en ese momento era todavía su amante, Matilde Urrutia. Ese mismo año es revocada la orden de detención después de tres años, lo que le permite regresar a su país donde se le tributan grandes homenajes de bienvenida. En diciembre viaja a la Unión Soviética como jurado del Premio Internacional de la Paz.

En 1953 organiza el Congreso Continental de la Cultura realizado en abril en Santiago. Asisten Diego Rivera, Nicolás Guillén, Jorge Amado, entre otras tantas personalidades. El 20 de diciembre recibe el Premio Stalin de la Paz.

En 1954, en enero, dicta cinco conferencias sobre su poesía en la Universidad de Chile. El 20 de junio se efectúa el acto inaugural de la Fundación Neruda para el Desarrollo de la Poesía, en donde el poeta dona a la Universidad de Chile su valiosa biblioteca y otros objetos y la universidad acuerda el financiamiento. En julio aparecen sus *Odas Elementales* y *Las Uvas y el Viento*. Para celebrar sus cincuenta años, el 12 de julio se realizan grandes homenajes a los que asisten numerosos intelectuales amigos de América, Europa y Asia.

En 1955 el matrimonio con Delia del Carril colapsa definitivamente. Ya por muchos años esta relación se había sostenido en consideraciones sociales que el poeta no estaba dispuesto a seguir tolerando. Ese mismo año se traslada a vivir con Matilde Urrutia.

Las cartas presentadas a continuación, de escaso y tal vez de ningún valor literario, nos muestran la intimidad de años vertiginosos, en donde generalmente los contenidos epistolares guardan ciertos signos y significados sólo comprensibles por sus destinatarios. Al comienzo se puede observar cierto celo con la correspondencia, por el temor de que ésta pudiera ser violada y darse con su paradero. Por tal motivo, Neruda firma esas cartas sólo con algunas líneas y Delia lo hace como María, que en verdad es uno de sus nombres.

Delia en cambio, entre los respiros que le permiten los incesantes cambios de domicilio, se da el tiempo para escribir atropelladamente cuestiones de tipo doméstico, muchas veces en cualquier papel que se le cruza en el camino. Precisamente por la mala calidad de algunos de esos papeles que contenían la correspondencia de aquel tiempo dirigida a Laura Reyes, no fue posible descifrar lo que decían algunas de estas cartas. Este detalle, trivial por cierto, no deja de tener el encanto de poder observar cómo se comunicaban grandes noticias de importancia mundial, como quien en una escuálida nota le apunta a un niño los detalles de la compra que debe realizar en el almacén del barrio.

Conmueve en estas cartas, la lealtad incondicional de Delia, acompañando a Pablo, por ejemplo en su recuperación física producto del obligado encierro al que tuvo que estar sometido mientras vivía en la clandestinidad y puede comprenderse el dolor que con toda justicia le causó la separación, al quedar en descubierto la relación amorosa de su esposo con Matilde. Juntos sobrellevan tiempos en que había que sostener las casas y los sueños dejados abandonados a la suerte y a la solidaridad de unos pocos en el lejano país amado.

Creemos que la publicación de estas cartas son de un inestimable valor por cuanto develizan al monumento Neruda para dejarnos al descubierto simplemente a un ser humano, propósito que muy explícitamente se deja ver en este ensayo. Es sólo alejándose de cualquier propósito de asimilar a Neruda como fenómeno decorativo que nos reencontraremos con una vida y una obra ligada simplemente a la vida: a lo vivo.

13 de Octubre de 1949 Ver p. 185
en Ciudad de Méjico. D. F.

Mi querida Laurita No sé si recibiste una tarjeta postal que a falta de carta (por no tener tiempo para escribirla) te mandamos, creo que de Budapest. Mira me parece que todos ustedes los que allá viven, tienen una idea errónea cuando no escriben si nosotros no les escribimos. Nuestra vida hasta ahora ha sido muy intensamente ocupada y ni la obligación de quedarse en cama y aún el tener fiebre ha impedido a tu hermano el trabajar y organizar cosas con un éxito rotundo. Su actuación en el Congreso de la Paz fué una sensación y es emocionante el inmenso cariño y respeto que se le profesa mundialmente. Lástima que a consecuencia del trato que le ha dado el Gobierno de su país ha caído enfermo y hace mas de un mes que está en la cama, con una trombo flebitis (hazte explicar con un médico amigo) a consecuencia de la falta de ejercicio al que estuvo obligado por espacio de un año y medio. Aquí lo han cuidado con un cariño muy grande, y la casa ha sido una romería, casi las veinte cuatro horas del día y aún de la Presidencia de la República ha venido un emisario a preguntar por su salud diariamente. Hoy ya creo que ha entrado en la mas franca mejoría.

Desde hace un mes y quince días, anoche ha sido la primera en que hemos dormido normalmente con solamente la interrupción obligada cada cuatro horas para tomar las sulfas.

Ya entre mañana y pasado le van a suprimir eso tambien y pronto podremos irnos a Acapulco (el mar) a convalecer.

Está, como es natural y tu lo conoces bien, pensando siempre en toda sus cosas y todas sus gentes, sin olvidar al Kutaka. Tus cartas con todos los detalles que le interesan le son necesarias y tú te deberías de dar como tarea escribírselas periódicamente.

Es la primera vez que ha pasado mi día sin que llegara tu saludo. En la tarjeta de Hungría te decía yo que para lo que tu pedías (el arreglo de tu pieza) no necesitabas esperar nuestro permiso porque Fernando no se podía rehusar a una cosa tan justa. Eso porque de nosotros no se puede esperar contestación tan rápidamente por lo que ya te he explicado. Fernando es otro que bien baila. Siempre anunciando cartas largas para la próxima vez, que nunca llega. Bueno, voy a terminar ya porque empieza a llegar la gente y tengo miedo de que no me dejen seguir.

Parece que todos los males de Pablo vienen de sus amígdalas. Vamos a ver, Creo de despues de todos los tratamientos que tendrá que soportar y que ya ha soportado va a salir bailando en una pata, mejor que hacen varios años. Besos de los dos y supongo que no echarás en saco roto lo que te digo.

Cariños a la tía Anita y a Soria y Conchita.

A los amigos que se portan todos bastante mal en el mismo sentido de las cartas.

Otra vez besos y cariños

Delia

Pablo despues de leer esta carta te pide noticias del globo de Isla Negra y del acuario de la casa de los Guindos - además de los otros detalles. No seas floja y si la carta te sale cara pídele a Fernando que te la mande.

5 de Noviembre 1949 Ver p. 186

Mi querida Laurita Hubiera querido contestarte inmediatamente pero esta casa es una verdadera feria y tu hermano es de una actividad fantástica y múltiple, y mis cartas salen volando de la máquina para dejar sitio para otros trabajos. Tu carta es lo que debía ser. Contar todas las cosas menudas de la casa que es lo que mas nos puede emocionar, sin olvidar los seres mas queridos y además asuntos de interés general. Tu hermano estaba feliz y yo tambien. Ha escrito Manuel para que saque unas fotografías de las dos casas y mande las que ya tiene para recrearnos los ojos. Tomás hace ya tiempo nos escribió que "la casa del bosque" corría peligro de derrumbarse porque no sé qué de la pared del fondo. Por favor Laurita que nada de eso pase. Tambien recuerdo que en los bordes de la casa, por ej. en el de la bodega faltaban pedazos de adobe. Recuerda que cuando nosotros estábamos hacíamos blanquear la casa porque si eso no se mantiene, después el gasto que hay que hacer es mucho mayor. Hay que ir remendando y limpiando la cara a la casa para mantenerla en buena forma.

Agrandaron tu cuarto como tú lo deseabas? Cuando M.S. vaya a sacar las fotos que te saquen a ti con el Kutaka y el Calbuco. Estoy encantada con lo que me cuentas de José. Sueño con que se transforme en la persona de confianza de la casa y se quede para siempre con nosotros. Tu hermano quiere que le den a Orlando Mason un Dulce Patria que él le regala con el mayor cariño. (Háblale a Tomás). En este momento está su cama cerca de la ventana y personas conocidas que pasan por la calle lo saludan a gritos . Está tan bien que él dice que yo ya lo trato como sano y me olvido ponerle el termómetro. Desde su cama sigue mangoneando y mandando, dictando y pidiendo varias cosas a la vez. Yo ya no camino sino corro para derecha e izquierda y casi vuelo porque todavía no he encontrado el secreto de hacer distintas y variadas cosas en una sola vez. Le acaban de traer las primeras pruebas (las de tipo) de su libro Canto General. Es una edición de lujo con ilustraciones de los grandes pintores de México Diego Rivera y David Alfaro Siquieros. Maravillosa.

Hubo una lectura del primer capítulo que hizo una gran impresión en los auditores. Todavía él no puede escribir a máquina. Porque dejamos nuestra maquinita en Paris y la que tenemos aquí es muy pesada pero le voy a pasar la carta para que agregue unas palabras con tinta. Hemos recibido una sola carta tuya en Europa, que contestamos en una postal (targeta) desde Hungría creo. Las fotografías con Parra no sé si habrán llegado a Paris en nuestra ausencia. Me gusta que este esté en Inglaterra. Le va a hacer mucho bien. Dale cariños a Anita de parte nuestra, y a Catalina nuestra sobrina. Hoy voy a terminar la carta esta rápidamente para que no se quede rodando por aquí días enteros. Me están reclamando la máquina y quiero terminar antes de entregarla. Adios entonces con recuerdos siempre para la tía Anita, Orlando Mason (no sé como están los Ortegas con tu hermano, a Armando Hopzafel y toda la gente buena.

El dinero sin colocar se desvaloriza. Hubieras invertido los 100.000 en cualquier cosa hoy tendrías mas. En cambio ahora tienes menos y cuando llegues los otros no..... que valdrán. Consulta a Fernando o a Jorge Giles que es quien me colocó mi plata tan bien que no ha habido ninguna objeción que hacer hasta hoy. Verás que él me dará la razón y lo hará con el mayor cariño porque es un gran amigo nuestro. Adios otra vez Lautita. No eches en saco roto lo que te dije en la otra carta y aunque no recibas carta nuestra escribe dando noticias que interesan a tu hermano. Todavía no tenemos itinerario y nuestra dirección es la misma hasta nueva órden. Besos y abrazos.) no olvides de saludar a Soria y Conchita)

Te abraza tu hermano

xxxxxxx[19]

México, 10 Diciembre 1949   Ver p. 187

Querida Laurita: yo no te he contestado esperando que pudiera hacerlo tu hermano, como tu lo pides. En la cama le es imposible escribir y para dictar necesita una dactilógrafa que llega tarde mal y nunca y a la que tiene que hacerle contestar un inmenso correo y trabajo personal de él (que no ha dejado de hacer en ningun momento).

Hace unos días que se levanta y está aprendiendo a caminar. Todavía lo hace muy mal y sus piernas están muy hinchadas a la hora de la acostada. Yo me acostumbro mal a este estado de cosas y me emociono de verlo todavía en una condición que nunca me imaginé verlo. Así que te puedes imaginar lo que me sale del corazón para el culpable de todo esto. Hoy viene uno de los médicos a sacarnos a pasear en automóvil. Será la segunda vez. Pero como no puede aún bajar las escaleras y menos subirlas tiene que ser que dos hombres fuertes (porque su peso es siempre imponente) vengan para llevarlo en andas. El resto de su salud tanto física como espiritual llama la atención de todo el mundo. Sobre todo la segunda porque nunca perdió la paciencia y soportó toda la lata de la inmovilidad forzosa sin decaer un solo momento su humor y su capacidad de trabajo. Ya pronto va a salir su libro en una magnífica

---

[19]Cuando se refiere a Kutaka y Calbuco se refiere a sus perros. Las pruebas de un libro que llevan ilustraciones de Siquieros y Rivera son las referidas al Canto General.

edición. De Estados Unidos llegan la suscripciones a montones y con las cartas mas entusiastas y cariñosas para Pablo. Tomás, Fernando y tú van a ser los agraciados de los que a Pablo le correspondan.

Tu fotografía con los dos perracos nos ha gustado mucho. Ya estábamos descontentos de que no escribieras y siguieras despues de las explicaciones que te hemos dado esperando contestación para escribir.

Pablo he estado enseñando muy orgulloso a su Kutaka. Pero en realidad encontramos a los dos perros muy flacos y el pelambre del Kutaka muy feo como de perro mal alimentado. Queremos que le pidas a Fer- que te dé un suplemento para darles de comer bien y tambien vitaminas. Enséñales a comer zanahorias crudas y sobre todo pregúntale a Mimi que es lo que le dan a Pedrito que está tan maravilloso.

Díle a Juan que contamos con él para que la próxima fotografía de Calbuco y Kutaka nos dejen encantados por su aspecto.

Por lo que se refiere a la Revista que pides puedes estar segura que a penas pueda salir lo voy a hacer y ahora mientras estoy escribiendote esto veo como sin salir todavía puedo arreglarmelas para satisfacer tu pedido. Los trajes para esa gente maravillosa que nos atendió con tanto cariño deseo que los mandes lo antes posible. Creo que siempre te dije que el que sabía la dirección es "Ignacio" (Fer- sabe como encontrarlo es hermano de Martita (díselo a Fer- por sino recuerda bien. Tambien Inzunza sabe de Ignacio. Pablo quiere que agregues la la pequeña cocinita eléctrica que tambien le prometimos a la Señora. Te recuerdas de todos los trajes que te dije. Se trata de chicas jóvenes y de la mamá. Te agradezco que nos ayudes a cumplir con esa gente aunque haya pasado tanto tiempo y si nos consigues noticias de ellas (una de las chiquillas estaba de novia) sería la alegría completa. Bueno ahora termino pidiendote que te impongas la tarea de escribir todos esos detalles que sabes que tu hermano necesita de sus casas y de sus cosas. Esos que solo tu le puedes dar, y te lo repito que lo hagas aún cuando no recibas carta nuestra, por todas las razones que te he expuesto. Haz pintar la cocina que debe de ser el cuarto mas limpio de la casa. Termino ahora porque ya llegan los amigos a almorzar. Muchos abrazos para ti y para la tía Anita.

Hormi-

Muchos abrazos y cariños y que Manuel mande pronto las fotos Joel

La dirección de la familia de Valparaiso es Señora Keinkert, Victoria Cueto 106, Cerro Barón

Lo mejor sería que le escribieras primero y podría ser muy bien que su hijo pudiera venir a buscar las cosas a Av. Lynch. En el caso que no recibieras contestación, entonces busca a Ignacio.

Cariños María

13 de Febrero d 1950 Ver p. 188

Querida Laurita Me ha sido imposible escribirte como lo hubiera deseado. Los días son demasiado cortos para nuestra vida tan llena de actividades diversas, y numerosas. La salud de tu hermano está ya del todo restablecida en cuanto a la enfermedad misma pero con la inacción y su siempre buen apetito aumentando demasiado de peso lo que no es nada bueno. Ya va pisandole los talones a nuestro querido Hector. Está preocupadísimo con la aparición del libro[20]. Es un trabajo muy grande y minucioso. Tu famosa revista de la Familia Mexicana ya te he dicho que se te mandará. En las librerías adonde he ido con Pablo (a quien no dejo salir sin mi ni yo salgo sin él) no la he visto. Sé que tiene una sede propia y una amiga me ha prometido acompañarme a hacer ella misma la tal suscrpción. Yo no tengo tiempo para ocuparme de mi misma y me faltan muchas cosas indispensables. Después cuando tengamos que salir tendré que agenciarme de todo a la carrera y todo me quedará mal y me costará mas caro. Así me sucede siempre. No te olvides

---

[20]El libro a que se hace mención es el Canto General, que finalmente apareció publicado en México en 1950 en dos ediciones que llevaban ilustraciones de David Alfaro Siquieros y Diego Rivera.

de darnos noticias de todas, las personas y cosas que nos interesan. La muerte de D'Halmar no nos sorprendió porque ya nos imaginábamos que su enfermedad era cáncer. Saluda a Silvia de parte nuestra. Ha sido verdaderamente una gran obra la que ha hecho acompañando y cuidando a ese gran escritor y excelente hombre que sino hubiera sido por ella habría estado, en tan terrible trance, en la soledad mas tremenda. Silvia ha merecido de la Patria. Te tengo que avisar que va a llegar a tu casilla y a cargo tuyo una carta de Francia para el Doctor Miranda. Yo no quiero hacerle ningún reproche porque la culpa fué mía al comprarle el coche sin averiguar antes todo respecto a una compra de automóvil en Francia. Pero él pudiera haberme aconsejado no comprar el suyo. Hacía un año o mas que el estaba en Francia y sabía los líos en que nos metíamos con esa clase de coches máxime que no pudo dejar la transferencia hecha cuando él salió. Hoy el coche está pagado y no nos pertenece. El seguro está a mi nombre y en caso de un accidente en el coche no lo podrían cobrar porque el coche está a nombre de él todavía. En este momento está requisado por la autoridades porque hay que pagar a la aduana (cosa que yo nunca supe) lo que él no pagó por su calidad de turista. La carta que hemos recibido de los amigos franceses no la entendemos del todo porque como te digo eso de la aduana nunca se me dijo, pero no sé que amigo aquí me explicó que podía ser que me cobraran la aduana que los turistas no pagan pero que despues de dos años de residencia en Francia ya no se les puede considerar turistas. A él le van a escribir, nuestros amigos. Ahora a mi se me ocurre que una solución sería que Miranda hiciera ir el coche a Chile como dueño del coche, que no se hable de mi para nada puesto que allí no consta mi nombre. El viaje costaría menos que la tarifa de la aduana que según creo entender serían 225,000 francos. (De donde lo vamos a sacar?) y Soli lo podría vender en Chile. Si el coche sale de Francia no habrá que pagar la aduana. Que se reuna Miranda con Fer. y Soli y traten de solucionar el asunto. Tu hermano te manda decir que Abdré Racz y Familia (Teruca, la hija de Filomena Salas y sus niños) van a ir a Isla Negra y que espera que tu (como siempre seas quien les entregues la casa).

He escrito esta carta con una cantidad de gente entrando y saliendo. Estoy muy cansada y poco inspirada para escribir. Estoy muy enojada con las cartas del chacarero de Villaseñor –son diminutas– Besos y abrazos y por favor escribe. Estuvimos con Gabriela y le dimos tu dirección para que le mandara a Angel el remedio para la diabetes. Cuéntales que J. Barrenechea delató al gobierno a Gabriela. Ya es el colmo a donde ha llegado porque ni siquiera estaba obligado a hacerlo puesto que el Congreso de la Paz se efectuó en México y no en Colombia. Estamos intimamente asqueados con la transformación del que fué tan grande amigo.

Dile a Miranda que el derecho de aduana se paga con relación al precio del automóvil. En fin el debe de aconsejar qué se hace

D.......

México, D.F., 23 de mayo de 1950   Ver p. 189

Querida Laura:

Recibida tu carta. Tú no te das cuenta de que abren las cartas y la que tú recibiste antes iba muy bien pegada, sólo que al abrirla en el Correo la dejaron despegada. Así te enseñarás a ser más discreta y es por eso que tenemos que decir las cosas de esa manera.

Un amigo nuestro, el señor Gonzalo González, te lleva el libro que pides. Ademas lleva para la casa un servicio de cuchillería que es muy valioso. Debes tener mucho cuidado con él y guardarlo en la caja fuerte de Fernando o en otra parte. Es propiedad de Delia. La dirección de este señor es: Los Leones 148, el teléfono es número 41814. Tienes que llamarle a eso de las siete de la noche y le dirás quien eres. Quiero que le convides a visitar la casa y que tú y Soria lo atiendan, porque es la única persona de la Embajada aquí que no ha traicionado la amistad que teníamos.

Dime si pediste el barquito a Pedro Pacheco. Dime si Manuel S. hizo viajar la Diosa del mar hasta la casa. Esta la quiero para la casa de los guindos, no para la isla. Sobre la cocinita, no entendemos; si tú se la entregaste a Manuel para que la dejara en Valparaíso, él no habrá hecho.

Nuestra dirección hasta el 20 de junio es la misma. Después te comunicaremos la nueva dirección.

La familia mexicana te comenzará a llegar pronto.

Muchos abrazos y le telefoneas a Eugenio González que le mando muchos saludos.

xxxxxxxxxxx[21]

P.D. El señor González te entregará un dinero. Lo guardas en un sobre y se lo entregas a Lola Falcon, a quien se lo debo hace mucho tiempo.

Dile al Dr. Miranda que mande de inmediato los papeles a Francia, porque el auto debe estar listo en quince días.[21]

4 de Junio de 1950   Ver p. 190

Querida Laurita sigue escribiendo sobre la impresión que ha hecho el libro entre los amigos. Ha costado grandes esfuerzos y toda la gente encuentra que ha sido una hazaña que se haya hecho en cinco meses.

Pablo desde la cama dirigió todo. Y les parece que la suscripción ha sido baratísima. Los que se hicieron los desentendidos al principio y que les pareció muy elevado el precio están desesperados por tenerlo ahora. Pero para costear todos los gastos los que quedan se tienen que vender mas caros. Los que tuvieron fé y se suscribieron han salido ganando. De Estados Unidos llegan las cartas mas entusiastas. Los de Chile se tendrán que esperar porque el envío por avión es de diez dólares.[22]

Como ves las cosas que se te prometen llegan. En medio de todas las ocupaciones no olvidamos lo prometido. Ya te llegará la Familia Mexicana".

---

[21]Nótese el tono recriminador del poeta por el poco celo observado con los contenidos de la correspondencia. El mismo, dando el ejemplo, firma la carta sólo con algunas líneas a objeto que en la carta no pueda identificarse quien la envía.

[22]Se sigue haciendo mención en esta carta al Canto General sin nombrarlo. Posteriormente como la demanda en Chile por el libro es alta, se hicieron dos ediciones que circularon en la clandestinidad.

El otro libro todavía no es para Fernando. Pablo te dirá lo que hagas con con él. Pero díles a todos los amigos (Fernando, Mimi, La Rusa, el Gordo que escriban sus impresiones. No le enseñaste la casa a Gonzalo? Díle a Estercita Matte que su libro tiene que ir por barco por la razón que te dí ya. Pero yo también le voy a escribir. Paso a contestarte lo de la cocinita. Cuando y porqué se llevó a casa de Manuel? Nosotros le prometimos esa cocinita a la Señora que nos atendió en el Puerto.

Les mandaste los trajes como te dijimos y como tu tantas veces me pediste la forma de hacerlo? Bueno allí debía de haber ido la cocinita.

Y no era por intermedio de Manuel sino por intermedio de "Ignacio" Fernando e Inzunza saben y lo conocen. Bueno ahora te voy a dar noticias de la salud de tu hermano. Está mil veces mejor. Le sacaron un diente que se rompió cuando muchacho y que estaba malo. Le están curando las encías y está a régimen para adelgazar (porque pasó de los cien hilos) y se está poniendo fantástico. Abraza a Soria y Conchita a todos los amigos y a la tía Anita. Besos de María

Laurita: ese dinero debes llevarlo a Lola, como te decía en mi carta anterior. El libro sobrante también.

Las fotografías etc. que iban adentro del libro llévalas a Manuel Eduardo, a casa del Dr. L. en Hamburgo, son para Pro Arte. Telefonea al Dr. Miranda para que mande de inmediato los papeles del coche a París porque este está inmovilizado, y lo necesito antes de 15 días.

Te abraza tu hermano

Alta Mar, 8 de julio de 1950 Ver p. 191

Mi querida hermanita:

Vamos en viaje hacia Europa. Ya llegamos hoy a Lisboa, desde donde te despacharé esta carta. El viaje ha sido bueno y tranquilo, hasta ahora.

El libro sobrante, ya que tienes dos, debes entregárselo a Lola.

He bajado, con un régimen especial, 10 kilos. Estaba pesando mas de cien y por eso me convenía adelgazar.

Escríbeme largamente cómo está la casa y si trajeron la mona de Casablanca, etc., los encargos que te he hecho.

Fernando se queja en su carta de que Soria no le paga. Esto es muy perjudicial para nosotros, porque estamos con muy poco dinero. Posiblemente apenas para comer, o menos, en Europa.

Así es que te ruego le digas a Soria que haga un esfuerzo para ponerse al día y que igualmente haga una cancelación total de mis derechos de autor, tanto de los libros como de los discos impresos y de los manuscritos que ha publicado. Esto se lo dirás con mucha simpatía, porque le tengo mucho afecto, y no a la manera sureña.

Quiero que me cuentes también de la familia; qué es de los tíos y de los sobrinos. ¿Cómo se han portado los Reyes en lo del traidor G.V.?[23]

En Isla Negra me interesa mucho que extirparan la peste esa que salió allí, que se llama *cabello de ángel*. ¿Cómo podrías hacerlo?. Puedes mandar a José, con instrucciones precisas, tomadas de un ingeniero agrónomo. Me han dicho que también allí falta un portón para la puerta. Trata de hacerlo, para que no tenga una apariencia tan abandonada.

Dime si ya está instalada la luz y cuando va a ser lo del agua.

Volvió Tomás del Brasil?. Si ha llegado, dile que me escriba y dale mi dirección ya que la suya se me perdió porque me robaron la libreta en que la tenía apuntada.

Te abraza tu hermano

No puedo leer la carta de tu hermano porque se me ha roto el anteojo. La queja de él es justa pero no le digas nada a Soria tú sabes que es buena persona pero muy desordenado. Nuestra situación ha empeorado y Fernando se queja. Te escribo a ciegas- Tu hermano está cada vez mejor - Cuando tenga mis nuevos anteojos escribiré largo-

abrazos Maria.

---

[23]En esta carta hecha todavía en alta mar, el poeta se dirige a Praga y París en donde en octubre ya estaría firmando ejemplares de la edición francesa del *Canto General*. El aspecto curioso de esta misiva está en la preocupación que siente por saber cómo ha tomado la familia la situación a la que lo ha empujado González Videla (G.V. en la carta). Al respecto cabe añadir que en Temuco se buscó al fugitivo hasta dentro de los hornos de la panadería de su sobrino Raúl Reyes, la que fue escrupulosamente allanada.

París, 29 de agosto de 1950.   Ver p. 192

Querida hermana:
   Te escribo para darte nuestra dirección, que es como sigue:

> Mme. Delia del Carril,
> 38, Quai d'Orléans,
> Paris IV, France.

Quiero que me digas si recibiste carta de Delia puesta en Barcelona, y porqué no le has contestado. También te pedí varios encargos sobre una mona que está en Casablanca, y el barquito de Valparaíso, y debes decirme qué hay de todo eso. Cuéntame como está el jardín y la casa de la isla. Mándame algunos recortes porque nadie me manda nada.

En fín comunícale mi dirección a mis amigos para recibir más cartas de Chile. Estaremos en esta hasta que te escriba de nuevo y te dé otra dirección y será por mucho tiempo. Díme si le entregaste el libro a Lola, porque uno era para ti y el otro para que se lo entregaras a ella. Tengo aquí muchos libros, quiero mandártelos directamente a ti, díme a qué dirección, y donde te causen menos trabajo para llevarlos porque serán paquetes que te mandaré semanalmente.

Delia y yo te abrazamos. Queremos tener una fotografía del teatro de la casa del bosque. Almita Hubner de Aparicio te manda muchos saludos.
   P. y D.

La Habana, mayo 6 de 1951.   Ver p. 193

Sra. Laura Reyes,
Santiago, Chile.

Mi muy querida Laurita:
   Veo que no recibió usted una carta que hace algún tiempo (cerca de dos años) le escribí a Los Guindos, pues sólo me habla usted de la postal. De todas suertes, estoy seguro de que usyed me

recuerda con el mismo cariño que yo a usted. Y yo más todavía, pues al cariño uno la gratitud que le guardo por todas las fraternales atenciones que usted me dispensó en momentos muy angustiados de mi vida. ¿No vió en un largo artículo que publiqué sobre Pablo lo que digo de usted?

Recibí una carta de Tomás, que me causó gran alegría. Por venir de él (a quien ya sabe usted que quiero mucho) y porque veo por lo que me dice que está mejor de la operación que usted me anunciaba en su carta. Me habla del libro mío para Baeza y le he prometido conseguirselo, aunque le diré que desde el primer momento le envié un ejemplar desde Buenos Aires, en seguida que salió.

Un amigo mío que estuvo por allá, Enrique Labrador, me habla de que estuvo algún tiempo con Fuenzalida, a quien mucho me gustaría ver. ¡Cómo recuerdo la casa de los Guindos, con aquel hermoso jardín, por las tardes, esas tardes chilenas, que parece que no acaban nunca, con el aire tan fino y transparente! Si alguna vez tuviera ocasión de irme a vivir largo tiempo fuera de mi país, escogería el suyo.

Aquí está de vuelta el pintor Carreño, muy amigo de Pablo, casado con chilena, y a quien supongo que usted conoce. El es cubano y estuvo largo tiempo por allá. De allí se fué a Nueva York y ahora con la movilización y la guerra y el mal ambiente que hay en el Norte dió el brinco y está de nuevo en La Habana.[24]

Estoy haciendo un nuevo libro. Por supuesto que en seguida que salga el primer ejemplar será para usted. ¿No sabe que Rosita ya es abuela DOS veces? Ayer le nació el segundo nieto. El primero (que vive con nosotros) tiene ya cuatro años y es GENIAL.

De pablo no he tenido noticias últimamente. Recibí hace meses una postal de él, estando en la India, de donde me escribió. En cuanto a usted, espero que se halle contenta y que no haya tenido problemas en su empleo ni en su vida, pues la personas tan gene-

---

[24]En esta carta firmada por Nicolás Guillén, el poeta cubano hace mención a un viaje anterior a 1951, fecha en que fue expedida la carta. El pintor Carreño, es Mario Carreño, posteriormente nacionalizado chileno y a quien se le otorgó el Premio Nacional de Pintura en Chile.

rosas y buenas como usted merecen disfrutar del bien que hay en el mundo. Rosita y yo hablamos a cada momento de usted y ella me cuenta las noches de frio que pasaron juntas en Lynch.

Laurita: un abrazo. Y sepa que le recuerdo con firme, profunda y fraternal amistad.

Como siempre,

NICOLAS

Laurita siempre te recuerdo con gran cariño Rosita

28 Junio 1951   Ver p. 194

Dirección.

Delia del Carril Hotel Esplanade-Praga-Checoslovaquia-

Mi querida Laurita   Veo que pasan los días y no sale ninguna carta para ti y aunque me has enojado mucho con tu silencio me pongo a escribirte para que no se corte el hilo.

Qué idea tuviste de darle una carta (o mandársela!) a Nicanor. Lo hemos visto por primera vez a fines de Marzo del 51 y naturalmente sin tu carta. Esta la mandó a su vuelta a Inglaterra y nos llegó a Praga con dos años de retraso, puesto que la escribiste en el 49. Nosotros cuando hemos podido te hemos escrito. Cuando hemos estado *estables* en alguna parte. Ya te he explicado que cuando no te escribimos es porque no podemos porque andamos dando la vuelta al mundo. De Méjico te hicimos mandar la Revista de la Familia, un año de suscripción y pago el envío por avión- Como no nos dices nada veo que no la has recibido- Todo quedó pagado para ese efecto.

La salud de tu hermano es buena pero aún se le hinchan sus piernas y no está del todo bien regularizada su circulación - Tiene grandes satisfacciones porque el cariño con que es tratado en la parte del mundo más noble y mas grandiosa no hay palabras con qué expresarlas, pero sus deseos de ver su tierra son inmensos. Debes escribir más detallado. Tú, calladita calladita pero sabes muchas cosas. Por de pronto sabes mejor que nadie las cosas que le interesan a tu hermano. porqué no escribes a máquina? te da mas espacio para poner mas cosas. Nosotros, por momentos estamos aisladísimos de Chile. Fer- sa ha aprovechado para no escribir- Mimi ni una linea nos ha escrito. A la Rusia todavía no he podido contestarle. Nuestro corazón está allá con todos ustedes. A Graciela tampoco le hemos contestado siempre por las mismas razones Fer- me prometió mandar fotografías de todos *en su chacra* - Hasta ahora no lo ha hecho- Tu no dejes de vigilar la casa hacer hacer los arreglos necesarios para que no se destruya demasiado- Pensamos mucho en René Mesas, lo buen amigo que ha sido- José Venturelli ha estado viviendo en nuestro departamento en París y ahora se pasa al departamento vecino es decir al de arriba del nuestro- adonde estaban Inesita Figueroa y su marido- Espero que veas a todos los amigos y nos cuentes. Nosotros somos de una fidelidad a ...... y martillo, jamás se ha podido decir una palabra de ninguno de ellos delante de nosotros, al que no le gusta, que se fastidie.

Vuelve a mandarnos tu dirección, en los tejes y manejes la hemos perdido.

Que pesadez la de Soria con Fernando. No sabemos en qué han quedado las cosas

Meter a Don Carlos aquien Pablo le debe tanto! En fin como es un insensato espero que nadie le habrá hecho caso.

Nosotros somos los que más hemos sentido que se fueran de la casa y que vinieran unos extraños. Date la pena de escribir una carta larga y dinos tu deseo. Para la Revista Mexicana puedes mandarle unas líneas a Wenceslao Rocas Avenida Veracruz 56 dep. 3- México D.F. a preguntarle que pasó y si puede reclamar, pero todo muy amablemente oyes porque es un gran amigo., y no es su culpa que no haya llegado la Revista, ahora salimos para Moldavia a ver unas fiestas pupolares. A lo mejor tú podrias pedir un permiso y podrías venir a Europa. Estudia el asunto que nosotros vamos a arreglarlo, aunque nuestra vida es un poco inestable pero a lo mejor. Adios abrazos

Delia

No tenemos ninguna noticia de Julita y de Lucho Cuevas ni tampoco de Mario Moreldinos algo tú- Llegaron los libros de Pablo para Esthercita, Sergio Larrain y otros?

Shangai- 26 de Setiembre[25]   Ver p. 196

Laurita En este precioso papel no se puede escribir sino con pincel y tinta china - Yo lo hago con lápiz- Nuestras vueltas alrededor del mundo continúan. Ya te contaré en detalle. Esta es no más para decirte que tu hermano está bien y que te esperamos para la fecha indicada (Ya no me acuerdo y la carta se quedó en Praga.) cuando estés decidida o ahora de vuelta a Praga y con tu carta a mano te daré todas las instrucciones.

Todo saldrá requetebien

abrazos de Delia

Paris 25 Nov. 1951   Ver p. 197

Ay Laurita No te desanimes ni te inquietes demasiado. Estamos en un momento de gran indecisición porque tenemos que liquidar nuestros asuntos aquí.

Pero tu hermano ma ha dicho que adonde nosotros estemos tú llegarás- Ahora no sabemos aún donde será. Por de pronto aqui en Paris ya no podrá ser.

Será en Italia? será en el Ecuador o sus vecindades? Espera con tranquilidad- Tengo dos cortes de seda que compré para tí en Pekín- uno gris precioso y uno malva claro con gris.

No sé si sigues de medio luto pero son muy bonitos y los elegí asi para que puedas ponértelos en cualquier circunstancia y una pulserita y un broche en filigrana de Fiesta. Yo estoy sola en Paris nuestro amigo quedó en un pais vecino-

Cariños de María

Domingo 18-I-1952   Ver p. 198

Mi querida Laurita Te agradezco mucho que me hayas ayudado a solucionar un problema muy serio pero te agradezco mucho más

---

[25]Presumiblemente el año de esta carta es 1951. En esa fecha Neruda hace entrega en Pekín del Premio Internacional de la Paz a Mme. Sun Yat Sen, en nombre del Consejo Mundial de la Paz.

que me dijeras "Arregla tú como quieras como lo juzgues conveniente" porque ya parecia que estaban creyendo que yo era capaz de una frivolidad como perder un pasaje en avión

Me parece que hasta la fecha yo no he dado ninguna muestra de falta de seriedad- Esta mañana llamé por teléfono a casa de Graciela (pero no contestó nadie) para tranquilizarla. Todo se ha arreglado. Losada me mandó el dinero, pude pagar la empleada (130 pesos por venir dos horas (que nunca son dos horas) Tengo que pagar la leche el pan y el hielo que me traen diariamente, propina al portero, las llamadas a Santiago por teléfono, porque desde el seis de Enero estoy absolutamente sola en esta casa. Del asunto de San Juan te puedo decir que de no venir yo quien sabe hasta cuando hubieramos tenido un resultado- Toda empezará en breve tiempo- Cuando pasó Vicente Naranjo dijo que Pablo vendría por el 15 de Enero y le pedía a Losada fuera a Montevideo-

Entonces pensé yo y todos estuvieron de acuerdo que yo lo esperara aqui- Ahora Laurita algo que deben de hacer todos y por eso quería llamar a Graciela que deben de averiguar y tomar medidas por el asunto de los seis individuos que fueron a buscar a P. y si es la Maruca que le den un buen castigo y sino aclarar bien de qué se trata.

Arreglen bien linda la casa

Muchos abrazos para ti Angel y la Albertina

Delia

Me olvidé de decirte (todo es para Graciela tambien) es decir para Fernando tambien que llegó una mañana un empleado de la *British Overseas Airplane Cia* y me dijo muy amable que el día antes de la partida de cada avión me llamaría para ver si estaba lista para partir:

Asi, como tu ves toda está arreglado. Ahora si Pablo tarda yo decidiré irme consultando como es natural con los amigos responsables de aquí.

Dile a Sergio In- que no cejen hasta averiguar el asunto de que le hablaste, Tenemos que saber si tu hermano está a la merced de una provocación.

Es muy importante Laurita.

HOTEL ST. GOTTHARD ZÜRICH Ver p. 200
BESITZER: ESNST MANZ UND 80HN
BAHNOFSTRASSE 87.TELEPHON (051) 231790. TELEGRAMM:
GOTTHARDHOTEL. POSTCHECK VIII
998.BRIEFADRESSE:POSTFACH,ZÜRICH 23

enero 52

Querida hermanita, siento tener que defraudar un tanto tus esperanzas pero es el caso que tu cuñada regresa a su pais por razones diversas el 15 de Enero y en el vapor danés BIO = BIO que saldrá en esa fecha de Copenhague.

Tienes que desistir por la fuerza de las circunstancias de tu viaje a Europa que será en otra ocasión.

Te proponemos lo siguiente. tómate un viaje a Rio de Janeiro en la fecha correspondiente al paso de este barco y haces el viaje por nuestra cuenta de regreso con tu cuñada. Tu debes informarte de las fechas de la compañía danesa en Buenos Aires y telegrafía a la compañía a la señora Delia del Carril *(nada más)* para que tu telegrama se lo den antes o a la llegada a Río.

De este viaje no debes decir nada a nadie.

Pronto nos veremos

te besa tu

hermano

Escribe inmediatamente a:

Sr Esteban Garbarini Islas, para Delia

Bureau International du Travail

Genéve- Suiza

No me parece mal la solución.

Estábamos en un círculo vicioso y no sabíamos como arreglar para que no quedaras damasiado desilusionada. A tu hermano se le ocurrió por fin esta salida. Yo ya sé que esto no te consolará de no verlo a él pero peor es nada

Ya te escribiré mas largo

abrazoDelia

Capri, 1 de Febrero 1952   Ver p. 201

Querida hermana, en mi poder tu segunda carta. A la primera contesté con un cable a la dirección de Alves.

Supongo lo habras recibido porque te decía el cambio de barco de Delia. Su unico nombre es Delia del Carril, sin Reyes ni Neruda, fíjate muy bien, para que no metas la pata cuando preguntes en la oficina de barco. A como te anunciaba va en el Rio de la Plata que salio el 30 de Gottemburgo y tomará algunos días. Ahora me escribe la Hormiga que talvez no tocara Rio en este caso debes de partir cuando vaya a llegar el barco al puerto de Santos y tomarlo allí. Antes pasa por la compañía y dí que las cartas para delia las envíen a santos o te las entreguen a tí.

Muy bien que hayas invitado a esa familia. Con la amistad a Tomás y el cariño con que te han tratado los considero ya como mi propia familia y espero poder probárselo alguna vez.

Nada mas para que salga pronto esta carta.

Abrazos de tu hermano

P.

mi dirección:
casetta de Arturo
  Vía Tragara
  Capri.

Viernes 7 de Marzo 1952   Ver p. 202

Mi querida Laurita Ya estaba extrañada de tu silencio pero llegó Graciela con tu carta-

Mi dirección es la de mi hermana Emma porque no tengo confianza en la mia y además me parece me voy a cambiar de donde estoy - porque aunque es mucho mejor que donde estábamos es bastante mala tambien. Le dí tu recado a Blanquita que me habló ayer por teléfono-

Te mando la carta para Tomás porque no tengo su dirección- Olguita Hurtado fué a ver a Pablo con Magee y dos chilenas mas, y a ellas y otros amigos italianos Pablo los llevó a la Pizzeria de Gina

Solimano la hermana de Manuel a comer en Napoles- Cuéntale a Manuel- Estoy hecha un fenómeno- Me he hecho hacer un tratamiento para sacarme la piel que estaba muy manchada de sol y estoy en el período peor y todas las amigas a quienes le habian dicho que yo estaba tan bien tendrán una sorpresa al verme - Escríbeme

Besos a la tia Anita Saludos a tu compañera y para ti el cariño de *Delia*

Emma del Carril de Viale (para Delia) Ayacucho 1767

25 de Marzo 1952 Ver p. 203

Laurita Gracias por la crema y las fotos- Yo te dije que no le dijeras a *nadie* lo del viaje de tu cuñada-

No hay un hombre que no sea indiscreto- Recibo cartas y fotos de tu hermano- está bien de salud y trabaja mucho. Desde el 23 tiene otra dirección *Di Campi 5* - Capri

Dile a Fernando que le mande el dinero en un cheque sobre Nueva York- Todo lo demás da muchas dificultades. Ha tardado además un mes en llegarle- y ya está sin nada porque ya estaba endeudado. Estoy muy resentida con él ; que no haya sido capaz ni siquiera de escribirme!

Yo no voy a necesitar nada dile que le mande a Pablo. Yo voy a percibir los derechos de Losada. Si puedes mandar otro pote de crema- pero tendría que ser inmediatamente- Adios cariños a todos

y a tia Anita y para ti

Delia

Capri 28 de Marzo 1952 Ver p. 204

Querida hermanita,

en mi poder tu carta, muchas gracias, estoy contento de que hayas hecho con tanto agrado tu viaje y que te hayas hecho querer de esa buena familia. Alguna vez los recibiremos nosotros en Santiago.

Varias cosas:

1.- El libro chino no es para tí todavía, ni para Tomás. Estos dos ejemplares van en las cajas, de donde los sacarémos para dártelo a tí y a Tomás. Ahora, el ejemplar que has recibido lo entregarás a Martita con el encargo de que se lo lleve a D. Alberto. Ten paciencia con el tuyo.

2.- He pedido a Manuel Solimano que traslade la mona que llegó de Magallanes y que dejó en Casablanca a Isla Negra o a Lynch. Te pido que se lo recuerdes porque tu estarás de acuerdo en que las cosas no deben estar botadas por ahí toda la vida. Además le dirás que me mande un dibujo de la circunsferencia del cuello, para hacerle aquí una cabeza. También que me mande una foto de la mona en que se la vea entera.[26]

3.- De las cajas me dices que Tomás te ha dado los boletos.

Qué boletos? Cuantas cajas? Donde están?

Debes saber que hay 3 embarques de cajas.

4.- Me dicen que el jardín de I.N. ha dejado de existir.

Ahora que hay agua no podría renovarse? Arturo A. es magnífico para planear jardines, el podía haber ayudado.

Pasaremos juntos este 12 de Julio.

Contéstame.

Abrazos

xxxxxxxxxxx

Abril 15- 1952   Ver p. 205

Mi querida Laurita Todavía no tengo la crema. Hoy voy a tratar de conseguirla. Me han dicho que tiene que ir Emma en persona y ella está en Martinez. Enseñaré tu carta para probarles que soy la Delia del Formulario-

La noticia de Tomás me ha causado disgusto. Porqué no lo consultas a R. Miranda que la cuidó tan Bien a Regina? Ahora el panorama mío se ha aclarado

---

[26]La mona a que hace alusión el poeta es alguno de los mascarones de proa que a costa de porfía finalmente llegaban a su destino en Chile.

Me voy a San Juan con Ramiro a ver el dichoso campo y despues tomaré el avion con Graciela el *22* . Eso es lo proyectado. Vamos a ver lo que se pueda cumplir. No le digas todavia a nadie salvo a Martita Jara a quien escribo aquí mismo porque perdí su dirección- Tu le entregarás la carta- Hace una semana que no tengo carta de tu hermano- Bueno pronto nos vemos

Trataré de llevarte el traje. Cariños a todos

Si escribes enseguida me alcanzará tu carta- Fernando le mandaría los dólares a Pablo? Qué pena no haber podido ver a Alfonsito! Lo estuve esperando pero como no dejó su teléfono no lo pude llamar yo. Muchos cariños de

Delia

21 de Diciembre 1953[27]   Ver p. 206

Mi querida Laurita Yo he recibido todas las cartas de todos pero llegan en diferentes dias- y si aquí pasas el día del avión sin poner tu carta en el correo ésta sale tres días después- porque no hay mas que dos dias a la semana para avión a Chile– Espero que ésta carta te llegue antes de I° de Año – porque ves? Acabo de perder el dia de hoy, me han dado las siete escribiendo cartas y ya está cerrado el correo. Por suerte ne he perdido el avión de ésta semana que empieza, pero sí el último de la anterior semana. Has visto ya a los Faivovich? La única que me ha hablado hasta ahora del matrimonio de Rodolfo y Margarita eres tú- y es como si lo hubiera visto todo- Qué es de Martita? Jara. Nadie me habla de ella- Pregunta tú en la casa de la mamá- No vuelvo de mi asombro de lo que ha ocurrido con Bustos- Sobretodo no me explico la actitud de ellos, no decirte a ti ni una palabra de excusas- Que dicen Orlando y la tía Anita de este asunto pero tu eres tan secreta que a lo mejor no les has dicho nada- Yo siento mucho cuando la gente se porta mal)- Le escribí a *Tomás* y no he recibido *contestación* - Pablo tam-

---

[27]El Premio Stalin de la Paz lo recibió el 20 de diciembre de 1953. Esta carta está despachada el día siguiente.

poco me habla de ese grupo infame de los Rokha que iniciaron una campaña contra su poesia y él mismo. Ahora les tapará la boca el premio Stalin - Creo que acabarán reventando y envenenándose con su propio veneno- Bueno Laurita te deseo mucha felicidad- Abraza a Raulito y su encantadora mujer y a toda la familia Abdías y la tia Glasfira - Yo llegaré a principios de Febrero, me parece- Todavía tengo que saber cuando aparecen los libros Te mando un gran abrazo tu cuñada

Delia

A tomas Delia, Angel Alberto, Ruben Leonta, Juvencio María, Diego Inés- Que siento no pasar estas fiestas con ellos- *Abrázalos a todos*

Lunes 4 de Enero 1954 Ver p. 207

Que lástima que la carta en que me anuncias tu viaje a Temuco haya llegado despues de mi contestación a tu anterior y que he dirigido a Lynch- Esta te la mando a casa de Raulito y te pido los saludes muy cariñosamente a los dos y beses mucho a la guagua - Mi querida Laurita no sabes lo que me pides. Si a mi no me mandan un dinero especial para que me vista tendré que volver con la misma poca ropa que salí. En este mes, como le cuento a Pablo, por haberme comprado un modesto chaleco de lana negro y dos pares de medias para mi y tres regalitos para los hijos de los amigos más intimos *(Todo de lo más ínfimo)* ya no me alcanza el dinero para pagar el hotel- Es decir que para tener unos francos en la cartera, no puedo pagar el hotel- Los zapatitos de que me hablas costaron 8000 francos, en esa época eran unos 2600 pesos, hoy valen de 4 mil y tantos a 5 mil y tantos *(no tan buenos, me imagino)* y en pesos chilenos son hoy 2400 a 2600 - Qué te parece? Las carteras tambien tienen un precio exorbitante, Pablo querría que yo me comprase trajes y zapatos pero con qué? Mis amigas francesas se horrorizan de verme andar en la lluvia, el hielo y la nieve con los zapatos descotadísimos que compré en Chile. El premio lo recibirá Pablo en Chile y quien sabe cuando- Por eso me hubiera gustado pasar por Bs Aires-

Laurita Ahora te voy a decir lo que quiero-

Ya lo hemos hablado otras veces pero ahora quiero que tú lo hagas. Se trata del Terreno al lado izquierdo de Michoacán- Tu sabes *cómo* yo lo deseo- Pero se necesita una discreción absoluta porque si saben que nosotros nos interesamos nos pedirán *demasiado caro* - Hay en Ñuñoa un señor que es el arquitecto de la Municipalidad - El nombre lo sabe Graciela, es *musicómano* - y yo he ido a su casa a oir discos maravillosos.

Tu podrías preguntar su nombre - y Angel que ya lo debe conocer le podría preguntar de quién es la propiedad y cual sería su valor- como si Angel quisiera cambiar su terreno por ese otro-

Ni a Angel ni a Graciela con todo lo que los quiero les diría la verdad porque sin quererlo ellos la propagarían [*Tu podrías decir que tú lo quisieras comprar*] Que te parece? Estudia bien el asunto

Métete bien en la cabeza como lo vas a hacer

Tú cuando quieres eres una tumba Podrías haberme dado algunos nombres de los telegramas recibidos por Pablo yo no he podido hacerle ninguno porque cuestan (los más sencillos) mas de mil pesos-

y ahora te digo si yo hubiera tenido que comer, que pagar mi comida diaria, no me hubiera alcanzado o me hubiera pasado de hambre- El hotel me come nada mas que por dormir casi la mitad de lo que me mandan - En cambio en Chile estaría como una reina con ese dinero en pesos, exclusivo para mí-

Te braza muy fuerte tu cuñada Delia A la familia de Abdías y a tia Glasfira mucho cariño-

Si está la tia Anita en Temuco le dices cuanto la quiero-

A los Marin unos deseos inmensos de felicidad-

Viernes 22 de Enero 1954   Ver p. 209

Mi querida Laurita No quiero que pase este correo de avión sin que te lleve una carta - Ya mi viaje está decidido para el 26 de Febrero en un barco inglés de carga pero como tu sabes son los mejores camarotes por menor precio - que los camarotes de segunda en los grandes barcos.

Abraza y besa a Raulito su simpática mujercita y la guagua[28]- y a los tios que tanto queremos también- Mira Laurita ya que vas a Parral arregla lo de tu fundo con el tío José Angel. No dejes eso abandonado por mas tiempo - Sabe la tía Anita lo de Roberto? Qué lástima, tan buena amistad que tenías con ellos, pero no se han portado bien sobretodo lo censurable, es la falta de franqueza-

Las noticias de Pablo son magníficas pero tiene un trabajo demasiado inmenso- y temo por su salud- Fíjate que hoy 22 de Enero he recibido su carta del 18 con las fotografías y su discurso en el Siglo - Se puede decir en 3 días

Estoy maravillada- Parece que es verdad

José toma un poco demasiado pero yo creo que es la soledad

No lo deben de dejar tan solo - Porque no se casará con una buena muchacha que trabajara para nosotros- Muchos abrazos y besos de tu cuñada *Delia*

20 de Febrero 1954 Ver p. 210

Mi querida Laurita Ya está decidido mi viaje tomado el pasaje y terminadas las gestiones de pasaportes etc etc- etc- El vapor Andes de la Royal Mail zarpa *el 6 de Marzo* y llega a Buenos Aires el *23 de Marzo* - He tomado esa resolución porque ya no tengo ánimos para seguir rodando por el mundo - No te escribí a Parral porque tuve un recrudecimiento de trabajo - y mis cartas ineludibles a Pablo-

Hoy estoy en el campo en una lindísima casa de unos amigos - El gran pintor Fernand Léger que fué profesor mío y su mujer simpatiquísima y generosa que hacía tiempo me tenía convidada para que no gastara en el hotel - Mira Laurita espero que ya estés en Lynch para que alguien sepa lo que voy a *hacer* porque Vicente Naranjo está a lo mejor todavia en Panimávida y Pablo en Isla

---

[28]En esta carta se alude a la familia temucana del poeta, Raúl es su sobrino, su mujer es Lidia Herrera y la guagua el hijo de ambos.

Negra- Entonces tu tienes que saber lo que yo voy a hacer para si
Pablo no recibe mi carta tu le puedas comunicar- Si recibo como
me han prometido unos derechos de autor de Alemania no necesitaré del Señor Polanco pero es bueno que Vicente Naranjo le repita que si vuelvo a necesitarlo me facilite lo que - necesite- No sé
cuanto será necesario para el viaje aunque esta vez pienso no bajar
casi en los puertos- para no tener gastos- Pasé unos días muy
amargos porque este señor no recibía órdenes de Chile y yo estaba
endeudándome cosa que me horroriza Te abrazo entonces con
mucho cariño. Te escribiré desde el barco-

No quiero decirte lo que siento con tanta tristeza esta ausencia
tan larga aunque haya tenido éxito en mi trabajo- Abrazos a toda la
familia y besos de tu cuñada

Delia

2 de Diciembre 1954   Ver p. 212

Mi querida Laurita Recibí hoy 2 de Diciembre tu carta fechada
el 20 - Ha habido aqui huelga en la aviación y en los empleados de
correos- pero yo creía que recibiría todas las cartas de una vez-
Antes de ayer tuve una de Tomás Lago con la misma fecha de la
tuya- De Pablo nada todavía y de Graciela tampoco - pero yo
llegué hoy a ver si algo había llegado para mi y la portera de la
casa de los Meyer me dijo que *nada* - Conversando conmigo se
convenció que era mejor que yo mirara y descubrí un telegrama de
tu hermano y tu carta que como ninguno llevaba el nombre del
Carril la señora esta no creía que fueran para mi - Mi principio de
año no hubiera sido tan triste si esta bendita hubiera reconocido la
carta y el telegrama que han llegado por lo menos el 1ero. Como le
cuento en carta anterior a Pablo la casa de los amigos *5 Quai aux
fleurs* es tambien la del nuevo Presidente de la República- Asi que
hay una nidada de carabineros en la puerta - Además la portera se
ha convertido en un personaje porque ha salido fotografiada besándose y abrazándose con la Presidenta en todos los diarios y
revistas.- y ademas su trabajo se ha triplicado-

En fin "otra vez será mejor - "no hay mal que por bien no venga" - Los franceses dicen que la desgracia no dura. Te contesto corriendo porque a las 7 cierran el correo y son las 6 y media de la tarde - Yo misma tengo que ir a dejarla.

¡Mi vuelta ya la debían de ir preparando- Creo que a fines de mes podria regresar - Ya por lo menos un libro el que interesa mas a Pablo estará listo y mi trabajo con el traductor alemán terminado- Yo confundí lo que Pablo me decía de la familia Mandiola porque al mismo tiempo me decía que una niña tenía paperas lo que me hacía pensar que no podían estar en Isla Negra - En la próxima carta te voy a pedir hagas unas gestiones para mi pero muy discretamente para que no pidan un precio loco. La carta que me anuncias de Pablo no había llegado todavía - Faivovich llevaba además de una carta un *libro objeto* con un poema de Paul Eluard ragalado por su mujer Dominique. Muchos besos y deseos de felicidad

Tu cuñada

Delia

Cartas Facsimilares
a Laura Reyes

1932-1938
–De María Antonieta Haagenar Vogelzanz
–De Pablo Neruda
–De José del Carmen Reyes Morales

Se reproducen las cartas facsimilares a Laura Reyes (1932-1938)
en el mismo orden que aparecen transcritas.

Santiago, 2 de Mayo. 1932

Mi muy querida Laura,

Aquí están las foto
grafías y filmes. No todas son buenas, me
gusta mucho los números I, II, III y IV. When
you have the other copies made, will you
please send the films back to me? Quiero mandar
más copias a mi Mamá. Ahora estamos en el
pensión, Santo Domingo 736, cual es muy bueno
y barato, pagamos para dos personas 400 pesos. El
cuarto es muy grande. Los primeros 3 días estamos
con Rudecindo Ortega, me gusta mucho su esposa,
es muy simpática y los niños son muy bonitos.
Hemos visitado a Roxane e Iris y encontrado
muchos de los amigos de Ricardo. Qué lástima
que Ud. no puede estar con nosotros! Me gusta
mucho Santiago, que grande ciudad! El clima
es muy bueno, no tan frío como Temuco.
Recuerdo siempre los días tan felices en su casa
con toda la familia. Como están la Mamá,
el Papa, Raulito, Rodolfo, la Florcita y Ud.
K-nosotros. Escriba a nosotros lo más pronto posible.
Muchos abrazos para todos, también de Ricardo
y su Maruca.

Transcripción en la página 118.

UNIVERSIDAD DE CHILE
DEPARTAMENTO DE EXTENSIÓN CULTURAL

Santiago, 13 de Mayo 32

Mi querida Laura,

Ricardo está enfermo en cama, creo que estará bien mañana.

Muchas gracias por tu carta y la cama que todavía no usamos. —

Ricardo dió una conferencia en la Posada del Corregidor con mucho éxito, fue presentado al público por el sub-secretario de Relaciones. Ud. lo verá en los periódicos. En "El Peneca" próximo sale el retrato de Ricardito. En "El Mercurio" saldrá una entrevista a una Rosita Mendita. Él está trabajando en el Ministerio de Relaciones con 400 pesos, lo justo para pagar la pensión. Es muy poco y no podemos comprar vino y uvas, pero es una ocupación transitoria, en espera de algo mejor. —

Estamos buscando una casita barata o departamentos con baños. No le gustamos mas la pensión, el baño es muy malo y vamos a los baños públicos y pagamos cada vez 4.40 p. para nosotros. —

Pensamos mucho a la Mama, al Papa, a Ud. y a la otra familia y espero que todos estén bien...

Nuestros saludos a todos nuestras tías, tíos, primos (as), sobrinos así, su amiga quien vive con Ud. (he olvidado su nombre) y los sirvientes, y muchos abrazos para la Mama, el Papa y Ud. de Ricardo y

Marita —

P. S. Pregunte Ud. cuanto cuesta el género verde en la tienda a Francisco, que Ricardo quiere comprar para mí.

Transcripción en las páginas 118/119.

REPÚBLICA DE CHILE
MINISTERIO DE RELACIONES EXTERIORES

Santiago, el 8 Octubre '32

Mi querida Laura,

Hace mucho tiempo que no he escribido a Uds., pero espero que Uds. me perdonan, porque yo tengo tantas cosas que hacer y estoy muy. He solamente escribido a mi Mama de quien he recibido muchas cartas y ha mandado muchas saludas a Uds. Yo no he escribido tampoco a mis amigos en Java, no tengo tiempo, espero que Uds. me creen. Pero pensamos y hablamos mucho de Uds. y los otros parientes, y estamos muy tristes que Ud. mi querida Laura, no puede estar con nosotros. Queríamos cambiar nuestro departamento con uno otro mas grande, para que Ud. pudiera vivir con nosotros, pero la vida es tan cara ahora, que es mejor quedarse aquí. Neftalí recibe de su sueldo de $1500.- solamente $1100.-, los primeros dos meses ha recibido medio sueldo y tenemos muchas cosas que pagar para nuestra casita. De todas maneras haremos es posible para que Ud. venga a estarse con nosotros un mes, muy pronto.

Y como están Uds.? Esperamos bien. Nosotros estamos muy bien. Yo soy mas flaca, he reduciado 8 kilos, lo que me gusta mucho, Neftalí es un poquito mas gordo, lo que no le gusta. —

Tenemos tan mucho amigos, somos amigos del Ambajador de España, Ricardo Baeza, y su esposa, especialmente el ambajador quien es un escritor, tiene un gran cariño para Neftalí. Su esposa es muy simpatica, me la gusta mucho.

Transcripción en las páginas 119/120.   →

REPÚBLICA DE CHILE
MINISTERIO DE RELACIONES EXTERIORES

[Carta manuscrita]

Tomás Lago ha casado a la Srma Valdón el mes pasado, Ud. la conoce? Ella es una muchacha muy simpática.

Mi querida Laurita, puede Ud. mandarme las flores, las violetas, que Ud. ha hecho a la escuela? Yo las necesito muy, muy pronto para la fiesta el sábado próximo. Puede Ud. mandarme todas Ud. tiene y muy pronto a la dirección, calle Catedral 1155, 3° piso, dept. 5.

Yo debo todavía agradecer a mi querido papá por mandarme las fotografías y el libro que guardaré siempre con el mayor cuidado.

Muchos saludos a Rodolfo, la Teresa y Raulito; y los otros parientes y amigos, y un abrazo para la Mma, el Papá y Ud. de

Manuca y
Neftalí.

P.S. Un amigo de Neftalí ha traído para Ud. a Temuco un libro de la nueva edición de los Veinte Poema. Él es un muy buen poeta. —

← Transcripción en las páginas 119/120.

REPÚBLICA DE CHILE
MINISTERIO DE RELACIONES EXTERIORES

Santiago, 14 Abril 33.

Mi querida Laura,

He sentido mucho que no podía venir a Temuco a verlos y espero que podamos venir juntos el próximo verano. El otoño en Temuco es demasiado frío para mí y no teníamos bastante plata para pagar mi viaje. Este año vamos a ahorar plata para estar con Uds. sin falta en Enero 34. Neftalí tenía una semana muy agreable con Uds., los parientes y..... amigos!

Millón de gracias para todos los regalos que Neftalí me ha traído de Uds., especialmente la gansa, que era muy rica y la hemos comida en un día. También muchas gracias para los tíos que me mandaron las manzanas más bonitas y ricas. —

Lo siento mucho que la Mamá no siente muy bien todavía después la operación, pero espero que será mejor cada día. Me alegro que el papá está bien como siempre. Y como está Ud., Laurita, especialmente su garganta. Neftalí le gusta mucho la bufanda, que Ud. le regaló, es verdaderamente muy bonita. Qué habilosa es Ud.! Neftalí la mandará la plata tan pronto como la recibe. No vamos a Valparaíso, porque somos tan pobres.

Aquí está una fotografía de mí en la primavera del año pasado. Siento mucho que no ha venido a Santiago, pero espero que vendrá pronto. Muchos saludos y abrazos para todos Uds. y parientes de

Maruca

y Neftalí

Todavía muchas gracias para la fotografía de Neftalí, que me gusta mucho. Neftalí y yo la felicitan en su cumple años en el 18 próximo y ya la mandaremos un regalo. —

Transcripción en la página 124.   →

24 Abril '33

Neftalí ha estado muy enfermo con un grave gripe. Hoy es el primer día que ha ido a la oficina; por eso no pudimos echar al correo. Otro abrazo para todos Uds. de

Marujita

y Neftalí

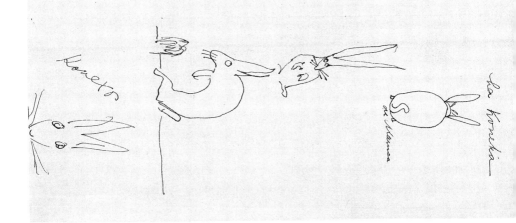

←   Transcripción en la página 124.

REPÚBLICA DE CHILE
MINISTERIO
DE BIENESTAR SOCIAL

Santiago, a 5 de Mayo de 1933.

Querida Laura:

Siento enormemente lo que pasa y espero que mi papa se mejorará muy pronto. Te ruego me anuncies cada día su mejoría. Hace varios días que te envie al correo Nº 2 un jiro por $ 15.- que espero habrás recibido.

Estamos ansiosos por la salud de mi papa asi es que te ruego me escribas todos los días.

Transcripción en la página 125.

EMBAJADA DE CHILE

Madrid, 3 de Febrero
1935

Mis queridos padres y Laurita,

No hemos podido escribir antes, yo por estar ocupada todo el tiempo con la niña y Pablo por estar ocupado con sus trabajos literarios y sus cambios en la carrera. También el hecho de no estar en un lugar fijo nos quita las ganas de escribir, pues hace ya años que andamos como los músicos viajeros. Pero ya podemos anunciarles, que desde hace unos días Neftalí ha sido nombrado agregado a la embajada en Madrid, sin perder su cargo de Cónsul. Aún que hemos tenido que sacrificar una gran parte del sueldo, estamos muy contentos porque Madrid es el lugar más importante para sus libros y los triunfos que aquí obtenga le servirán más que todos los que ha obtenido hasta ahora. Los periódicos y todos los intelectuales le han recibido con mucho entusiasmo y en una conferencia, dada en la Universidad de Madrid le han declarado el mejor poeta de América. Naturalmente estos triunfos de Pablo causan muchas envidias y calumnias en Chile, pero estas hay que tomarlas como cosa natural. No hay triunfos ni verdadero valor sin envidia y gente ruin.

Transcripción en las páginas 125/126.   →

Malva ahora tiene 5½ meses y está muy rica. Ha crecido y engordado mucho, tiene 71 cm. de altura, mientras tenía 47 cm. cuando nació, lo que me asusta mucho, porque me sentiré tanto si llega ser tan alta como yo. Es una chica siempre tan contenta, no llora nunca, está sonriendo todo el tiempo. Todo el mundo la quiere mucho y la encuentra muy linda y inteligente. Hace unos días está comiendo una papilla como una persona mayor con cuchara. Toma también jugo de naranja, tomate y uva con azúcar y unas gotas de extracto de aceite de bacalao. Tiene un tratamiento de rayos ultra violeta para fortalizar los huesos, lo que es bueno para toda su salud en general. Aquí les mandamos una quantidad de fotografías tomadas en nuestro balcón. Hemos cambiado de departamento en el mismo edificio, donde tenemos más comfort y una vista en la Sierra más hermosa.

Neftalí está hace una semana en cama con un bronquitis sin gravedad, pero tiene que cuidarse mucho. El invierno en Madrid es insoportable para nosotros, sufimos mucho del frío; hace una semana tenemos una temperatura de 7 grados bajo cero.

Mi querido Papá, recibimos su carta y le agradecemos por su gran simpatía y cordialidad. Mi Mamá está muy contenta que Uds. me quieran tanto y les manda mucho cariño. Dice que es una gran lástima que no sabe español para poder escribirles y conocerlos más íntimamente.

Malva manda muchos besitos a sus abuelos, tías y tíos, sobrinos, etc, etc. y de nosotros grandes abrazos y mucho cariño su hija

Maruca.

Madrid 2 de Mayo de 1936.

Mi querida Mamá,

Hemos recibido su carta hace algún tiempo y esperamos que Ud. nos perdonará el silencio tan largo en contestarle. Siempre y siempre los recordamos a todos Uds. con muchísimo cariño y mucho deseo de escribirles una larga carta, pero al fin nos falló la gana, porque teníamos que escribirles malas noticias de nuestra Malvita. Cuando tenía algunos meses, descubrimos que en efecto de su difícil nacimiento (aunque yo no he sufrido nada), su cabecita empezó a crecer demasiado, una enfermedad que los mejores médicos de Madrid y París no sabían curar, lo que era desesperante para nosotros. Hemos estado en esa circunstancia por muchos meses, hasta que un médico homeopático nos dio alguna esperanza de curarla, en que ha tenido éxito y podemos contarle ahora con tranquilidad que hace algunos meses la cabeza de Malvita no ha crecido más, y esperamos que siga así. Por lo demás siempre ha estado de muy buena salud, teniendo mucho apetito y creciendo mucho. Está un poco atrasada por su enfermedad, no sabe andar todavía, habla algunas palabras y sabe cantar. Es un ángel siempre tan paciente, siempre de buen humor y alegre. No nos molesta nunca, estamos muy contentos con nuestra hijita, con su carita tan linda y su cuerpecito tan bonito. Ahora tiene la altura de un niño de 3 años, mide 88 cm. — Neftalí está trabajando mucho, desde que está substituyendo a Gabriela Mistral y dirigiendo la revista "Caballo Verde", que tiene mucho éxito en España y Sud-América. Tenemos una casa muy linda con mucho sol y un gran balcón, donde Malvita toma sus baños de sol. Pensamos mucho a nuestra hermanita Laurita, que podría vivir con nosotros aquí, pero el viaje es tan caro y no podemos ahorrar un céntimo, porque la vida en España es terriblemente cara y estamos siempre muy pobres. Las cuentas de los médicos nos casi ha arruinado. Hemos también recibido una carta muy cariñosa de nuestro abuelo don José Ángel, a quien siento mucho nunca haberle conocido. Neftalí está pensando en una manera de ayudarle y le escribirá muy pronto. Tenemos muchos deseos de oír de Uds. que sigan muy bien de salud. Desde ahora vamos a escribirle muy a menudo. Con todas las buenas intenciones y muchos recuerdos a todos los demás parientes, Rodolfo, Teresita, Raulito, tías, tíos, etc. etc., los abrazamos con mucho cariño a Ud., Papá y Laurita, — su Maruquita.

La Haya, el 2 de Setiembre
de 1937

Mi querida Mama,

Ya han pasado muchos
meses que no les he escrito. Es que hemos
vivido en un tiempo horrible, de guerra,
de viajes y muchas miserias con una
chiquita enferma. Todo eso nos quita
la gana de escribir, no es la falta de
cariño para Uds. Los recuerdo siempre y
siempre con muchísimo cariño. Lo siento
tanto que esta Ud. enferma, mi unico
deseo es que Ud. se mejore muy prontito. –
Neftalí esta de viaje a Chile
y llegara en Valparaiso mas o menos el 8 de
Octubre. Ya les contara todo. Espero que
los encuentre bien a todos.
Saludos muy cariñosos para
todos y un fuerte abrazo para Ud. mi
querida Mama, de su hija

Maruca.

Transcripción en la página 128.

Temuco, Abril 8 de 1938.—

Señor

Jefe de Estación

Presente.—

Muy señor mio:

Por encontrarme gravemente enfermo en cama, le ruego tener la bondad pagar mi sueldo del mes ppdo. a la señora Mercedes González de Lagos, y para cuyo objeto le envío la tarjeta correspondiente.—

Saluda muy Atte. a Ud.

José del Cармen Reyes Morales.

(J u b i l a d o)

Transcripción en la página 128.

Cartas Facsimilares
a Laura Reyes

1949-1954
–De Delia del Carril
–De Pablo Neruda
–De Nicolás Guillén

Se reproducen las cartas facsimilares a Laura Reyes (1949-1954)
en el mismo orden en que aparecen transcritas.

3 de Octubre de 1949 en Ciudad de Méjico, D.F.

Mi querida Laurita. No sé si recibiste una
tarjeta postal que a falta de carta (por no
tener tiempo para escribirla) te mandamos,
creo que de Budapest. Mira me parece que to
dos ustedes los que allá viven, tienen una i
dea errónea cuando no escriben si mosotros
no les escribimos. Nuestra vida hasta ahora
ha sido muy intensamente ocupada. Y ni la
obligación de quedarse en cama, y aún después te
ner fiebre ha impedido a tu hermano el tra
bajar y organizar cosas con un éxito rotun
do. Su actuación en el Congreso de la Paz fu
é una sensación y es emocionante el inmenso
cariño y respeto que se le profesa mundial
mente. Lástima que a consecuencia del trato
que le ha dado el Gobierno de su país ha caí
do enfermo y hace más de un mes que está
en la cama, con una tromba flebitis (hazte ex
plicar con un médico amigo) a consecuencia de
la falta de ejercicio al que estuvo obligado
por espacio de un año y medio. Aquí lo han ex
cuidado con un cariño muy grande, y la casa
ha sido una romería, casi las veinte cuatro
horas del día, y aúnde la Presidencia de la
República ha venido un emisario ha preguntar
por su salud diariamente. Hoy ya creo que ha
entrado de lleno en la mas franca mejoría.
Desde hace un mes y quince días, anoche ha si
do la primera que hemos dormido normalmen
te con solamente la interrupción obligada
cada cuatro horas para tomar las sulfas.

Ya entre mañana y pasado le van a suprimir
eso también y pronto podremos irnos a Acapu
pulco (el mar)a convalecer.

Está, como es natural y tu lo conoces bien,
pensando siempre en toda sus cosas y to
das sus gentes, sin olvidar al Kutaka. Tus
cartas con todos los detalles que le intere
san le son necesarias y tu te deberías de
dar como tarea escribírselas periódicamente
Es la primera vez que ha pasado mi día sin
que llegara tu saludo. En la tarjeta de Hun
Hungría te decía yo que para lo que tu pe
días (el arregló de tu pieza) no necesitaba
esperar nuestro permiso porque Fernando no
se podía rehusar a una cosa tan justa. Eso
porque de nosotros no se puede esperar con
testación tan rápidamente por lo que ya te
he explicado. Fernando es otro que bien bail
Siempre anunciando cartas largas para la
próxima vez, que nunca llega. Bueno, voy a
terminar ya porque empieza a llegar la gent
y tengo miedo de que no me dejen seguir.
Parece que todos los males de Pablo vienen
de sus amígdalas. Vamos a ver, creo de desp
pues de todos los tratamientos que tendrá
que soportar y que ya ha soportado va a sal
ir bailando en una pata, mejor que hacen
varios años. Besos de los dos y supongo que
no necesarás en saco todo lo que te digo.
cariños a la tía Amita y a Soria y Conchita
A los amigos que se porten todos bastante
maljen el mismo sentido de las cosas.
Otra vez besos y cariños

[nota manuscrita] sale cara pídele a Fernando que te
la mande -

[nota manuscrita] Pablo después de leer esta carta
te hibe noticia del Globo de Sala
Neyra y del acuerdo de la casa de
los puntos ademas de los otros detalles
No nos vas ver flos y si la carta te

Transcripción en las páginas 142/143.

5 de Noviembre 1949

Mi querida Laurita Hubiera querido contestarte inmediatamente pero esta
casa es una verdadera feria y tu hermano es de una actividad fantástica
y múltiple ,y mis cartas salen volando de la máquina para dejar sitio
para otros trabajos.Tu carta es lo que debía ser .Contar todas las cosas m
menudas de la casa que es lo que mas nos puede emocionar,sin olvidar los
seres mas queridos y además asuntos de interés general .Tu hermano esta
ba felizy yo tambien.Ha escrito a Manuel para que saque unas fotografías
de las dos casas y mande las que ya tiene para recrearnos los ojos.TOmás
hace ya tiempo nos escribió que "la casa del bosque"corría peligro de
derrumbarse porque no sé qué de la pared del fondo.POr favor Laurita que
nada de eso pase.Tambien recuerdo que en los bordes de la casa ,por ej.
en el de la bodega faltaban pedazos de adobe.Recuerda que cuando nosotros estábamos hacíamos XXXXr blanquear la casa porque si eso no zse
mantiene,después el gasto que hay que hacer es mucho mayor.Hay que ir
remendando y limpiando la cara a la casa para mantenerla en buena forma.
Agrandaron tu cuarto como tú lo deseabas?C ando M.S. vaya a sacar las
fotos que te saquen a ti con el Kutaka y el Calbuco.Eestoy encantada
con lo que me cuentas de José .Sueño con que se transforme en la persona
de confianza de la casa y se quede para siempre con nosotros. Tu hermano
quiere que le den a Orlando Mason un Dulce Patria que él le regala con
el mayor cariño.(Hablale a Tomás).EN este momento está su cama cerca de
la ventana y personas conocidas que pasan por la calle lo saludan a gri-
tos.Está tan bien que él dice que yo ya lo trato como sano y me olvido de ponerle el termómetro.Desde su cama sigue mangoneando y mandando,
dictando y pidiendo varias cosas a la vez .Yo ya no camino sino corro
para derecha e izquierda y casi vuelo porque todavía no he encontrado
el secreto de hacer distintas y variadas cosas xxixxxxxx en una sola
vez.Le acaban de traer las primeras pruebas (las de tipo) de su libroo
Canto General)Es una edición de lujo con ilustraciones de los grandes
pintores de MéxicoDiego Rivera y David Alfaro Siqueiros . Maravillosa.
Hubo un a lecturadel primer capítulo que hizo una gran impresión en
los auditores.Todavía él no puede escribir a máquina.POrque dejamos nuestra maquinita en Paris y la que tenemos aquí es muy pesada pero le
voy a pasar la carta para que agregue unas palabras con tinta.Hemos recibido una sola carta tuya en aEuropa,que contestamos en una postal(tar-
getaÍ desde Hungría creo.Las fotografias con Parra no sé si habrán llegado a Paris en nuest a ausencia.Me gusta que este esté en Inglaterra.
Le va a hacer mucho bien.Dale cariños a Anita departe nuestra,y a Ca -
talina nuestra sobrina.Hy y voy a terminar la carta esta rápidamente
para que no se quede rodando por aquí días enteros .Me están reclamando la máquina y quiero terminarla antes de entregarla. Adios entonces
con recuerdos siempre para la tía Anita,Orlando Mason (no sé como están
 o s Ortegas con tu hermano ,a Armando Honzafel y toda la gente buena.
 l dinero sin colocar se desvaloriza.Hubieras invertid   s 100.000
cuando llegu   s otros no s   que valdrán.Consu a a Fernando m
o a Jorge Giles que es quien me colocó mi plata tan bien que no ha
habido ninguna objeción que hacer hasta hoy. , Verás que él me dará
la razón y lo hará con el mayor cariño porque es un gran amigo nuestro.
Adios otra vez Lautita.No eches en saco roto lo que te dije en la otra
carta y aunque no recibas carta nuestra escribe dando las noticias que
interesan a tu hermano.Todavía no tenemos itinerario y nuestra dirección
es la misma hasta nueva órden.Besos y abrazos.)No olvides de saludar
a Soria y Conchita)

Te abraza tu hermano

Transcripción en las páginas 143/145.

México,10 Diciembre 1949

Querida Laurita :Yo no te & he contestado esperando que pudierA
hacerlo tu hermano,como tu lo pides.En la cama le es imposibíe escribir y para dictar necesita una dactilógrafa que llegatarde mal y
nunca y a la que tiene que hacerle contestar un inmenso correo y
trabajo personal de él(que no ha dejado de hacer en ningun momento)
Hace unos días que se levanta y está aprediendo a caminar.Todavía lo h
háce muy mal y sus piernas están muy hinchadas a la hora de la acosta-
da.Yo me acostumbro mal a este estado de cosas y me emociono de ve..
todavía xx en una condición que nunca me imaginé verlo.Así que te pued
des imaginar lo que me sale del corazón para el culpable de todo esto.
Hoy viene uno de los médicos a sacarnos a pasear en automóvil.Será
la segunda vez.Pero como no puede aún bajar las escaleras y menos
subirlas tiene que ser que dos hombres fuertes (porque su peso es
siempre imponente) para llevarlo en andas.El resto de su salud tanto
física como espiritual llama la atención de todo el mundo.Sobre todo
la segunda porque nunca perdió la paciencia y soportó toda la lata
de la inmovilidad forzosa sin decaer un solo momento su humor y su
capacidad de trabajo.Ya pronto va a salir su libro en una magnífica
edición.De Estados Unidos llegan la suscripciones xxn a montones
y con las cartas mas entusiastas y cariñosas para Pablo.Tomás ,Fer-
nando y tú van a ser los agraciados de los que a Pablo le correspondaï
Tu fotografía con los dos perracos nos ha gustado mucho.Ya estábamos
descontentos de que no escribieras y siguieras despues dle las explica
ciones que te hemos dado esperando contestación para escribir.
Pablo ha estado enseñando muy orgulloso a su Kutaka.Pero en realidad
encontramos alos dos perros muy flacos y el pelambre del Kutaka
muy feo como de perro mal alimentado.Queremos que le pidas a Fer-
que te dé un suplemento para darles de comer bien y tambien vitami
nas .Enséñales a comer zanahorias crudas y sobre todo pregúntale
a Mimí que es lo que le dan a Pedrito que está tam maravilloso.
Díle a Juan que contamos con él para que la próxima fotografía de la
Calbuco y Kutaka nos dejen encantados por su aspecto.
Por lo que se refiere a la Revista que pides puedes estar segura
que a penas pueda salir lo voy a hacer y ahora mientra s estoy escribiendote esto veo como sin salir todavía puedo arreglarmelas para
satisfacer tu pedido.Los trajes para esa gente maravillosa que nos
atendió con tanto cariño deseo que los mandes lo antes posible .Creo
que siempre te dije que el que sabía la dirección es "Ignacio"(Fer-
sabe como encontrarlo es xxx hermano de Martita (díselo a Fer-por sino
recuerda bien.Tambien Inzunza sabe de Ignacio.Pablo quiere que agregues la pequeña xxx cocinita eléctrica que tambien le prometiste a
la Señora.Te recuerdas de todos los trajes que te dije.Se trata de chi
cas jóvenes yde la mamá.Te agradezco que nos ayudes cumplir con esa
gente aunque haya pasado tanto tiempo y sí nos consigues noticias de
ta.BUeno ahora termino pidiendote que te impongas la tarea de escribir todos esos detalles que sabes que x tu hermano necesita de sus
casas ya de sus cosas.esos que solo tu le puedes dar,y te lo repito
que lo hagas aún cuando no recibas carta nuestra ,por todas las
razones que te he expuesto.Haz pintar la cocina que debe ser el cua:
to mas limpio de la casa.Termino ahora porque ya llegan los amigos
a almorzar .Muchos abrazos para ti y para la tía Anita.

MUchos abrazos y cariños y que Manuel mande pronto las fotos

contestación,entonce busca a Ignacio
Cariños
María

13 de Febrero d 1950

Querida Laurita Me ha sido imposible escribirte como lo hubiera deseado
Los días son demasiado cortas   para nuest_r_a vida   tan llena de actividades diversas, y numerosas.La salud de tu hermano está ya del todo re
restŧabecidaþn cuanto a la enfermedad misma pero con la inacción y su
siempre buen apetito a aumentado demasiado de peso lo que no es nada bue
bueno.Ya va pisandole los talones a nuestro querido Hector.Está preocu
padísimo con la aparición del libro.Es un trabajo muy grande y minucioso.
Tu famosa revista de la Familia Mexicana ya te he dicho que se te mandará .En la librerías adonde he ido con Pablo (a quien no dejo salir sin
mi ni yo salgo sin él)no la he visto.Sé que tiene una sede y una amiga m propia
me ha prometido kxxxxxx acompañarme o hacer ella misma la tal suscrip-
ción.Yo no tengo tiempo para ocuparme de mi misma y me faltan muchas cosas indispensables.Después cuando tengamos que salir tendré que agenciarme de todo a la carrera y todo me quedará ma_l y me costará mas caro.
Así me sucede siempre.No te olvides de darnos noticias de todas ,las per
sonas y cosas que nos interesan.La muerte de D'Halmar no nos sorprendió
porque ya nos imaginábamos que su enfermedad era cáncer .Saluda a Silvia
departe nuestra.Ha sido verdaderamente una gran obra la que ha hecho a-
cómpañando y cuidando a ese gran escritor y excelente hombre que sino
hubiera sido por ella habría estado,en tan terrible trance en la soledad mas xxxxxxx tremenda.Silvia ha merecido dela Patria.Te tengo que avi
sar que va a llegar a tu casilla y a cargo tuyo una carta de Francia par
ra el Doctor Miranda.Yo no quiero hacerle ningún reproche porque la culpa fué mía al comprarle el coche sin averiguar antes todo repecto a una
compra de automóvil en Francia.Pero él pudiera haberme aconsejado no
comprar el suyo .Hacía un año o mas que el estaba en Francia y sabía s
los líos en que nos metíamos con esa clase de coches máxime que no
pudo dejar la transferencia hecha cuando él salió.Hoy el coche está pagado y no nos pertenece.El seguro está a mi nombre y en caso de un accidente en el coche no lo podría cobrar porque el coche está a nombre de
él todavía.En este momento está requisado por la autoridades porque hay
que pagar a la aduana (cosa que yo nunca supe)lo que él no pagó por su
calidad de turista.La carta que hemos recibido de los amigos franceses
no la entedemos del todo porque como te digo eso de la aduana nunca
se me dijo, pero no sé que amigo aquí me explicó que podía ser que me
cobraran la aduana que los turistas no pagan pero que despues de dos
años de residencia en Francia ya no se les puede xxxxx considerar tu-
ristas.A él le van a escribir,nuestros amigos .Ahora a mi se enf ocurre
que una solución sería que xx xxxxxxxx Miranda hiciera el el coche a
Chile como dueño del coche,que no se hable de mi para nada puesto que a
allí no consta mi nombre.EL viaje costaría menos que la tarifa de la
aduana que según creo entender serían 225,000 francos.(DE donde los xxxxxx
vamos a sacar?)y SOli lo podría vender en Chile.Si el coche sale de Fran
cia no habrá que pagar la aduana.Que se reuna Miranda con Fer.y Soli y
traten de solucionar el asunto.Tu hermano te manda decir que André Racz
y Família (Teraca,la hija de Filomena Salas y sus niños)van a ir a Isla
Negra y que espera que tu (como siempre, seas quien les entregues la ca
sa). He escrito esta carta con una cantidad de gente
entrando y saliendo - Estoy muy cansada y poco
inspirada para escribir, Estoy muy enojada con la
cartas del chacarero de Villa Seca - son diminutas - Beso
y abrazos y por favor escribe - Estuvimos con Gabriela
y le dimos tu dirección para que le mandara a Ange
el remedio para la diabetes - Cuentales que J. Barrenechea

Transcripción en las páginas 147/149.

México, D. F., 23 de mayo de 1950

Querida Laura:

Recibida tu carta. Tú no te das cuenta de que abren las cartas y la que tú recibiste antes iba muy bien pegada, sólo que al abrirla en el Correo la dejaron despegada. Así te enseñaras a ser mas discreta y es por eso que te tenemos que decir las cosas de esa manera.

Un amigo nuestro, el señor Gonzalo González, te lleva el libro que pides. Ademas lleva para la casa un servicio de cuchilleria que es muy valioso. Debes tener mucho cuidado con el y guardarlo en la caja fuerte de Fernando o en otra parte. Es propiedad de Delia. La dirección de este señor es: Los Leones 148, el teléfono es número 41814. Tienes que llamarle a eso de las siete de la noche y le diras quien eres. Quiero que le convides a visitar la casa y que tú y Soria lo atiendan, porque es la única persona de la Embajada aquí que no ha traicionado la amistad que teniamos.

Dime si pediste el barquito a Pedro Pacheco. Dime si Manuel S. hizo viajar la Diosa del mar hasta la casa. Esta la quiero para la casa de los guindos, no para la isla. Sobre la cocinita, no entendemos;si tu se la entregaste a Manuel para que la dejara en Valparaíso, él no habrá hecho.

Nuestra dirección hasta el 30 de junio es la misma. Despúes te comunicaremos la nueva dirección.

La familia mexicana te comenzará a llegar pronto.

Muchos abrazos y le telefoneas a Eugenio González que le mando muchos saludos.

P.D. El señor González te entregará un dinero. Lo guardas en un sobre y se lo entregas a Lola Falcon, a quien se lo debo hace mucho tiempo.

Dile al Dr. Miranda que mande de inmediato los papeles a Francia, porque el auto debe estar listo en quince días.

Estan en la guía

Transcripción en las páginas 149/150.

4 de Junio de .1950

querida aurita sigue escribiendo sobre la impresión que ha hecho
el libro entre los amigos.Ha costado grandes esfuerzos y toda la gente
encuentra que ha sido una hazaña que se haya hecho en cinco meses.
Pablo desde la cama dirigió todo.Y les parece que la suscripción ha
sido baratísima.Los que se hicieron los desentendidos al principio y
que les pareció muy elevado el precio están desesperados por tenerlo a
ahora.Pero para costear todos los gastos los que quedan se tienen que
vender mas caros.Los que tuvieron fé y se suscribieron han salido ganan
ganando.
do.De Estados Unidos llegan las cartas mas entusiastas.Los de Chile s
se tendrán que esperar porque el envío por avión es de diez dólares.
Como ves las cosas que se te prometen llegan.En medio de todas las ocupa
paciones no olvidamos lo prometido.Ya te llegará la Familia Mexicana."
El otro libro todavía no es para Fernando.Pablo te dirá lo que hagas co
con él.Pero diles a todos los amigos (Fernando,Mimi,La Rusia ,el Gordo
que escriban sus impresiones.No le enseñaste la casa a Gonzalo?Dile a
Estercita Matte que su libro tiene que ir por barco por la razón que t
te dí ya.Pero yo tambien le voy a escribir. Paso a contestarle lo de
la cocinita.Cuando y porqué se llevó a casa de Manuel?Nosotros le prom
metimos esa cocinita a la Señora que nos atendió en el Puerto .
Les mandaste los trajes como te dijimos y coco tu tantas veces me pedí
diste la forma de hacerlo?Bueno allí debía de haber ido la cocinita.
Y no era por intermedio de Manuel sino por intermedio de "Ignacio" Fer
nando e Insunza saben y lo conocen.Bueno ahora te voy a dar noticias d
la salud de tu hermano.Está mil veces mejor.Le sacaron un diente que s
se rompió cuando muchacho y que estaba malo.Le están curando las encía
y está a régimen para adel/gazar(porque pasó de los cien kilos) y se
está poniendo fantástico.Abraza a Soria y Conchita a todos los amigos
y a la tía Anita .Besos de MARIA

Laurita:ese dinero debes llevarlo a Lola,como te decía en mi carta
anterior.El libro sobrante también.
Las fotografías etc. que iban adentro del libro llévalas a Manuel
Eduardo,a casa del Dr. L. en Hamburgo,son para Pro Arte.Telefonea al
Dr Miranda para que mande de inmediato los papeles del coche,porque
este está inmovilizado,y lo necesito antes de 15 días. a Paris

Te abraza tu hermano

Transcripción en las páginas 150/151.

Alta Mar, 8 de julio de 1950

Mi querida hermanita:

        Vamos en viaje hacia Europa. Ya llegamos hoy
a Lisboa, desde donde te despacharé esta carta. El viaje ha
sido bueno y tranquilo, hasta ahora.
        El libro sobrante, ya que tienes dos, debes en-
tregárselo a Lola.
        He bajado, con un régimen especial, 10 kilos. Es-
taba pesando más de cien y por eso me convenía adelgazar.
        Escríbeme largamente como está la casa y si tra-
jeron la mona de Casablanca, etc., los encargos que te he hecho.
        Fernando se queja en su carta de que Soria no le
paga. Esto es muy perjudicial para nosotros, porque estamos con muy
poco dinero. Posiblemente apenas para comer, o menos, en Europa.
Así es que te ruego le digas a Soria que haga un esfuerzo para ponerse al día y que igualmente haga una cancelación total de mis derechos de autor, tanto de los libros como de los discos impresos
y de los libros manuscritos que ha publicado. Esto se lo dirás con
mucha simpatía, porque le tengo mucho afecto, y no a la manera sureña.
        Quiero que me cuentes también de la familia; qué es
de los tíos y de los sobrinos. ¿Cómo se han portado los Reyes en lo
del traidor G. V.?.
        En Isla Negra me interesa mucho que extirparan la
peste esa que salió allí, que se llama cabello de ángel. ¿Cómo podrías
hacerlo?. Puedes mandar a José, con instrucciones precisas, tomadas
de un ingeniero agrónomo. Me han dicho que también allí falta un portón para la puerta. Trata de hacerlo, para que no tenga una apariencia
tan abandonada.
        Dime si ya está instalada la luz y cuando va a ser
lo del agua.
        Volvió Tomás del Brasil?. Si ha llegado, dile que me
escriba y dale mi dirección ya que la suya se me perdió porque me robaron la libreta en que la tenía apuntada.

        Te abraza tu hermano

*No puedo leer la carta de tu hermano
porque se me ha roto el anteojo - La
queja de él es justa pero no le digas nada a Soria Tú sabes que es buena persona
pero muy desordenado - Nuestra situación hoy
ha empeorado y Fernando se queja - Te escribo*

*a ciegas - Tu hermano está cada
vez mejor - Cuando tenga mis mievos
anteojos te escribiré largo Laura Abraços*

Transcripción en las páginas 151/152.

París, 29 de agosto de 1950.

Querida hermana:

Te escribo para darte nuestra dirección, que es como sigue:

Mme. Delia del Carril,
38, Quai d'Orléans,
París IV, France.

Quiero que me digas si recibiste carta de Delia puesta en Barcelona, y porqué no le has contestado. También te pedí varios encargos sobre una mona que está en Casablanca, y el barquito de Valparaíso, y debes decirme qué hay de todo eso. Cuéntame como está el jardín y la casa de la isla. Mándame algunos recortes porque nadie me manda nada.

En fin comunícale mi dirección a los amigos para recibir más cartas de Chile. Estaremos en esta hasta que te escriba de nuevo y te dé otra dirección y será por mucho tiempo. Dime si le entregaste el libro a Lola, porque uno era para ti y el otro para que se lo entregaras a ella. Tengo aquí muchos libros, quiero mandártelos directamente a ti, dime a qué dirección, y donde te causen menos trabajo para llevarlos por— que serán paquetes que te mandaré semanalmente.

Delia y yo te abrazamos. Queremos tener una fotografía del teatro de la casa del bosque. Almita Hubner de Aparici onte manda muchos saludos.

Transcripción en la página 153.

La Habana, mayo 5 de 1951.

Sra. Laura Reyes,
Santiago,
Chile.

Mi muy querida Laurita:

Veo que no recibió usted una carta que hace ya algún tiempo (cerca de dos años) le escribí a Los Guindos, pues sólo me habla usted de la postal. De todas suertes, estoy seguro de que usted me recuerda con el mismo cariño que yo a usted. Y yo más todavía, pues al cariño uno la gratitud que le guardo por todas las fraternales atenciones que usted me dispensó en momentos muy angustiados de mi vida. ¿No vió en un largo artículo que publiqué sobre Pablo lo que digo de usted?

Recibí una carta de Tomás, que me causó gran alegría. Por venir de él (a quien ya sabe usted que quiero mucho) y porque veo por lo que me dice que está mejor de la operación que usted me anunciaba en su carta. Me habla del libro mío para Baeza y lo he prometido conseguírselo, aunque le diré que desde el primer momento le envié un ejemplar desde Buenos Aires, en seguida que salió.

Un amigo mío que estuvo por allá, Enrique Labrador, me habla de que estuvo algún tiempo con Fuenzalida, a quien mucho me gustaría ver. ¡Cómo recuerdo la casa de los Guindos, con aquel hermoso jardín, por las tardes, esas tardes chilenas, que parece que no acaban nunca, con el aire tan fino y transparente! Si alguna vez tuviera ocasión de irme a vivir largo tiempo fuera de mi país, escogería el suyo.

Aquí está de vuelta el pintor Carreño, muy amigo de Pablo, casado con chilena, y a quien supongo que usted conoce. Él es cubano y estuvo largo tiempo por allá. De allí se fué a Nueva York y ahora con la movilización y la guerra y el mal ambiente que hay en el Norte dió el brinco y está de nuevo en La Habana.

Estoy haciendo un nuevo libro. Por supuesto que en seguida que salga el primer ejemplar será para usted. ¿No sabe que Rosita es abuela DOS veces? Ayer le nació el segundo nieto. El primero (que vive con nosotros), tiene ya cuatro años y es GENIAL.

De Pablo no he tenido noticias últimamente. Recibí hace meses una postal de él, estando en la India, de donde me escribió. En cuanto a usted, espero que se halle contenta y que no haya tenido problemas en su empleo ni en su vida, pues la personas tan generosas y buenas como ustedes merecen disfrutar del bien ~~xxxxxxxx~~ que hay en el mundo. Rosita y yo hablamos a cada momento de usted y ella me cuenta las noches de frío que pasaron juntas en Lynch.

Laurita: un abrazo. Y sepa que la recuerdo con firme, profunda y fraternal amistad.

Como siempre,

[firma]

[nota manuscrita en el margen izquierdo:] Laurita - siempre te recuerdo con gran cariño (Rosita-)

Transcripción en las páginas 153/155.

Transcripción en las páginas 155/156. →

Transcripción en las páginas 155/156.

Transcripción en la página 157.

Paris 25/Nov. 1951

Ay Laurita No te desanimes ni te inquietes demasiado. Estamos en un momento de gran indecisión porque tenemos que liquidar todos nuestros asuntos aquí. Pero tu hermano me ha dicho que adonde de nosotros estemos tú llegarás – Ahora no sabemos aún donde será – Por de pronto aquí en París ya no podrá ser. Será en Italia? será en el Ecuador o sus vecindades? Espera con tranquilidad – Tengo dos cortes de seda que compré para ti en Pekín – uno gris precioso y uno malva claro con gris. No sé si sigues de medio luto pero son muy bonitos y los elegí así para que puedas ponértelos en cualquier circunstancia y una pulserita y un broche en filigrana de plata. Yo estoy sola en París nuestro amigo quedó en un país vecino – Cariños de María –

Transcripción en la página 157.

Domingo 16-1-1952

Mi querida Laurita. Te agradezco mucho que me hayas ayudado a solucionar un problema muy serio pues te agradezco mucho más que me dijeras arreglar tu cosa quiera como e próximas como vicente porque y parecía que estaban creyendo que yo era capaz de una frivolidad como perder un pasaje en avión

Me parece que hasta la fecha yo no he dado ninguna muestra de falta de seriedad. Esta misma no llame por teléfono a casa de Graciela (pero no costó to ra día) para tranquilizarla. Todo se ha arreglado. Nada me mandó el dinero. Pude pagar fue la empleada (130 pesos por venir dos horas que vinieron en las horas) Tengo que pagar la leche el pan y el hielo que me

Transcripción en las páginas 157/158.

→

Transcripción en las páginas 157/158.

HOTEL ST. GOTTHARD ZÜRICH   *enero 52*

BESITZER: ERNST MANZ UND SOHN

BAHNHOFSTRASSE 87 · TELEPHON (051) 23 17 90 · TELEGRAMM: GOTTHARDHOTEL · POSTSCHECK VIII 998 · BRIEFADRESSE: POSTFACH, ZÜRICH 23

querida herm anita,siento tener que defraudar un p tanto
tus esperanzas per es el caso que tu cuñada regresa a
su pais por razones diversas el 15 de Enero y en el vapor
danés BIO=BIO que saldrá en esa fecha de Copenhague.
Tienes que desistir por la fuerza de las circunstancias
de tu viaje a Europa que será en otra ocasión.
Te proponemos lo siguiente;tómate un viaje a Rio de Janeiro
en la fecha correspondiente al paso de este barco y
haces el viaje por nuestra cuenta de regreso con tu
cuñada.Tu debes informarte de las fechas de la compañia
danesa en Buenos Aires y telegrafiar a la compañía
a la Señora Delia del Carril (nada mas) para que tu telegrama
se lo den antes o a la llegada a su patria. a Río .

De este viaje no debes decir nada a nadie.

Pronto nos veremos

te besa tu   *herman o*

Capri,1 de Febrero 1952

Querida hermana,,en mi poder tu segunda carta.A la pri -
mera contesté con un cable a la dirección de Alves.
Supongo lo habrpas recibido porque te decía el cambio
de barco de Delia.Su unico nombre es Delia del Carril,
sibn Reyes ni Neruda,fíjate muy bien ,para que no metas
la pata cuando preguntes en la oficina de barco.AComo
te anunciaba va en el Rio de la Plata que salio el 30
de Gottemburgo y tomará algunos días.Ahora me escribe
la Hormiga que talvez no tocara Rio en este caso debes
de partir cuando vaya a llegar el barco al puerto de Sa
tos y tomarlo allí. Antes pasa por la compañía y dí
que las cartas para ꬴelia las envíen a santos o te las
entreguen a tí.

Muy bien que hayas invitado a esa familia.Con la amistad a Tomás y el cariño con que te han tratado los
considero ya como mi propia familia y espero poder
probárselo alṃguna vez.

Nada mas para que salga pronto esta carta.

Abrazos de tu hermano

P.

mi dirección ;
Casetta de Arturo
Via Tragara
Capri

Transcripción en la página 160.

Viernes 7 de Mayo 1952

Mi querida Laurita Ya estaba extrañada de tu silencio pero llegó Graciela con tu carta. Mi dirección es la de mi hermana Emma porque no tengo confianza en la mía y además me parece que voy a cambiar de donde estoy - porque aunque es mucho mejor que donde estábamos es bastante mala también. Le di tu recado a Blanquita que me habló ayer por teléfono. Te mando la carta para Tomás porque no tengo su dirección. El Gusta Hurtado fue a ver a Pablo con Nágel y dos chilenas más, y a ellas y otros amigos italianos Pablo los llevó a la Pizzería de Gina Solimano la hermana de Manuel a comer en Nápoles. Cuéntale a Manuel. Estoy hecha un fenómeno. Me he hecho hacer un tratamiento para sacarme la piel que estaba muy manchada de sol y estoy en el período peor y todas las amigas a quienes le habían dicho que yo estaba tan bien tendrán una sorpresa al verme - Pero dentro de pocos días estaré muy bien - Escríbeme. Besos a la tía Juanita saludos a tu compañera y para ti el cariño de Delia

[margen izquierdo:] Emma del Carril de Vidor (cuñada de) Ayacucho 1962

Transcripción en las páginas 160/161.

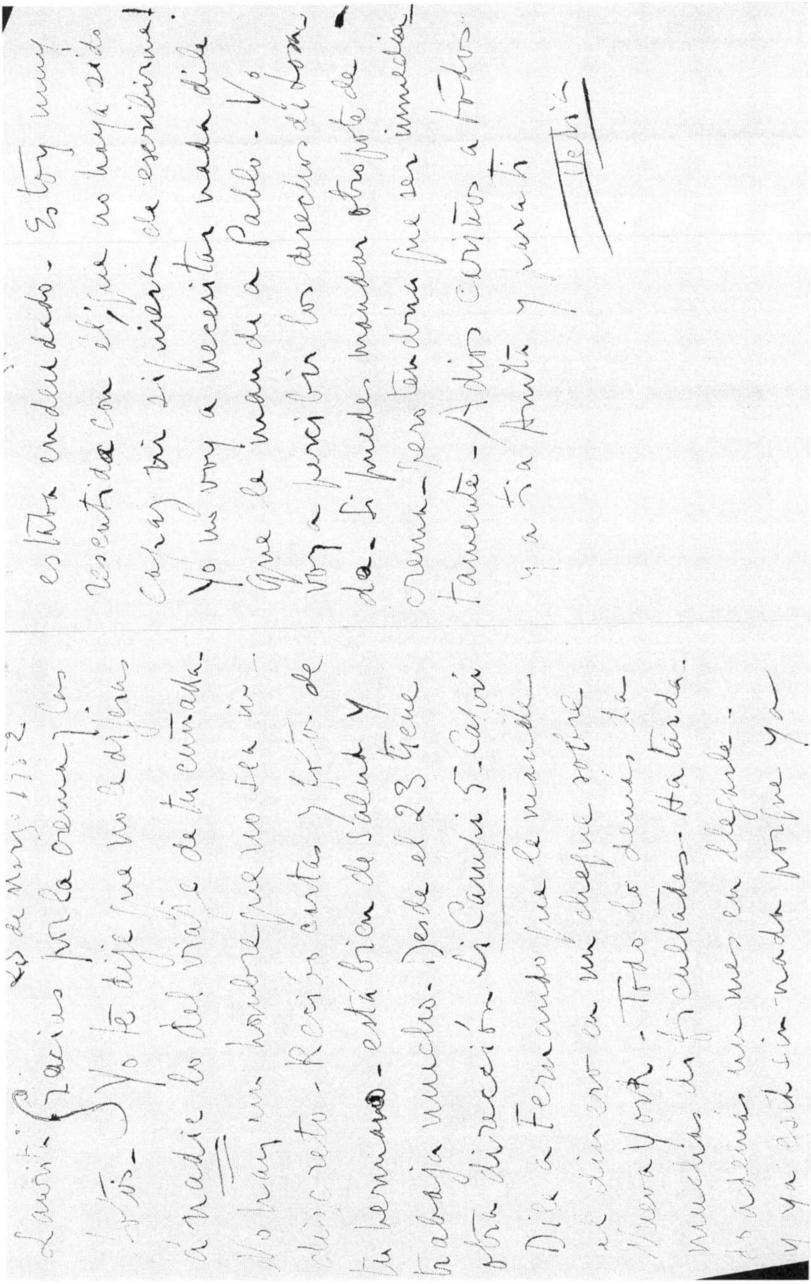

25 de Mayo 1952

Laurita: Gracias por la crema y las
fotos. Yo te dije que no le dijeras
a nadie lo del viaje de tu cuñada.
No hay un hombre que no sea in-
discreto. Recibo cartas y foto de
tu hermano. está bien de salud y
trabaja mucho. Desde el 23 tiene
otra dirección Li Campi 5. Capri
Dile a Fernando que le mande
el dinero en un cheque sobre
Nueva York. Todo lo demás da
muchas dificultades. Ha tardado
además un mes en llegarle.
y ya está sin nada porque ya

estaba endeudado. Estoy muy
resentida con él, que no haya sido
capaz ni siquiera de escribirme!
Yo no voy a necesitar nada dile
que le mande a Pablo. Yo
voy a percibir los derechos de Losada. Si puedes mandar otro pote de
crema pero tendría que ser inmediatamente. Adios cariños a todos
y a tía Anita y para ti

Delia

Transcripción en la página 161

Capri 28 de Marzo 1952

Querida hermanita ,
en mi poder tu carta,muchas gracias,estoy contento
de que hayas hecho con tanto agrado tu viaje y que
te hayas hecho querer de esa buena familia.Alguna
vez los recibiremos nosotros en Santiago.
Varias cosas :
1.- El libro chino no es para tí todavía,ni para
Tomás.Esdos dos ejemplares van en las cajas,de donde
los sacarémos para dártelo a tí y a Tomás.Ahora,el
ejemplar que has recibido lo entregarás a Martita
con el encargo de que se lo lleve a D.Alberto.Ten
paciencia con el tuyo.
2.- Le pedido a Manuel Colimano que traslade la mona
que llegó de Magallanes y que dejó en Casablanca a
Isla Negra o a Lynch.Te pido que se lo recuerdes
porque tu estarás de acuerdo en que las cosas no deben
estar botadas por ahí toda la vida.Además le dirás que
me mande un dibujo de la circunferencia del cuello,para
hacerle aquí una cabeza.También que me mande una foto.
de la mona en que se la vea entera.
3.- De las cajas me dices que Tomás te ha dado los boletos.
Qué boletos?Cuantas cajas?Donde están?
Debes saber que hay 3 embarques de cajas.
4.- Me dicen que el jardín de I.N. ha dejado de existir.
Ahora que hay agua no podría renovarse ? Arturo A. es
magnífico para planear jardines,el podía haber ayudado.
Pasaremos juntos este 12 de Julio .
Contéstame .
Abrazos

Transcripción en las páginas 161/162.

Abril 15 -1952

Mi querida Laurita Todavía no tengo la crema. Hoy
voy a tratar de conseguirla. Me han dicho que tiene que ir
Emma en persona y ella está en Martínez. Enséñale
tu carta para probarles que soy yo la Delia del Formulario
La noticia de Tomás me ha causado disgusto. Porque
no lo consultas a R. Miranda que la cuidó también a
Regina? Ahora el panorama mío se ha aclarado
Me voy a San Juan con Ramiro a ver el dichoso
campo y después tomaré el avión con Graciela
el 22. Eso es lo proyectado. Vamos a ver lo que
se pueda cumplir. No lo digas todavía a nadie
salvo a Martita Jara a quien escribo aquí mis
mo porque perdí su dirección. Tú le entregarás
la carta. Hace una semana que no tengo
carta de tu hermano. Bueno pronto nos vemos
Trataré de llevarte el traje. Cariños a todos
Si escribes enseguida me alcanzará tu carta. Fernan
do le mandaría los dólares a Pablo? Qué pena no haber
podido ver a Alfonsito! Lo estuve esperando pero como no
dejó su teléfono no lo pude llamar yo. Muchos cariños
Deli

Transcripción en las páginas 162/163.

21 de Diciembre 1953

Mi querida Laurita Yo he recibido todas las cartas de todos pero llegan en diferentes días — y si aquí pasas el día del avión sin poner tu carta en el correo ésta sale tres días después — porque no hay mas que dos días a la semana para avión a Chile — Espero que ésta carta te llegue antes de 1° de Año — porque ves? Acabo de perder el día de hoy, me han dado las siete escribiendo cartas y ya está cerrado el correo. Por suerte no he perdido el avión de ésta semana que empieza pero sí el último de la anterior semana — Has visto ya a los Faivovich? La única que me ha hablado hasta ahora del matrimonio de Rodolfo y Margarita eres tu — y es como si lo hubiera visto todo — Qué es de Martita? Para Nadie me habla de ella. Pregunta tu en la casa de la Mamá — No vuelvo de mi asombro de lo que ha ocurrido con Bustos — Sobre todo no me explico la actitud de ellos, no decirte ati ni una palabra de excusas — Qué dicen Orlando y la tía Anita de ese asunto pero tu eres tan secreta que a lo mejor no les has dicho nada — Yo siento mucho cuando la gente se porta mal. Le escribí a Tomás y no he recibido contestación — Pablo tampoco me habla de ese grupo infame de los Rokha que iniciaron una campaña contra su poesía y él mismo — Ahora le tapará la boca el premio Stalin — Creo que acabarán reventando y envenenándose con su propio veneno — Bueno Laurita te deseo mucha felicidad — Abraza a Raulito y su encantadora mujer y a toda la familia de Ab- días y a la tía Glasfira — Yo llegaré a principios de Febrero no me parece — Todavía tengo que saber cuando aparecen los libros Te mando un gran abrazo mi querida

Lunes 4 de Enero 1954

Qué lástima que la carta en que me anuncias tu viaje a Temuco haya llegado después de mi contestación a tu anterior y que he dirigido a Lynch. Esta te la mando a casa de Raulito y le mando los saludos muy cariñosamente a los dos y besos mucho a la guagua. Mi querida Laurita no sabes lo que me pides! Si a mí no me mandan un dinero especial para que me vista tendré que volver con la misma ropa rota que salí. En este país, como le cuento a Pablo, por haberme comprado un modesto chaleco de lana negro y dos pares de medias para mí y tres regalitos para los hijos de los amigos más íntimos [todo de lo más ínfimo] ya no me alcanza el dinero para pagar el hotel. Es decir que para tener unos francos en la cartera, no puedo pagar el hotel. Los zapatos de que me hablas costaron 8000 francos, en esa época eran unos 2600 pesos, hoy valen de 4 mil y tantos a 5 mil y tantos (no tan bueno, me imagino) y en pesos chilenos son hoy 2.400 a 2.600. Qué te parece? Las carteras también tienen un precio exorbitante, Pablo quería que yo me comprase trajes y zapatos pero con qué? Mis amigas francesas se horrorizan de verme andar en la lluvia, el hielo y la nieve con los zapatos descotadísimos que compré en Chile. El premio lo recibirá Pablo en Chile y quien sabe cuando – Por eso me hubiera gustado pasar por Bs Aires. Maurita Ahora te voy a decir lo que quiero – ya lo hemos hablado otras veces pero ahora quiero que tú lo hagas – Se trata del Terreno al lado izquierdo de Michoacán. Tú sabes cómo yo lo deseo – pero se necesita una discreción absoluta porque si saben que nosotros nos interesamos nos pedirán demasiado caro – Hay en Ti- noa un Señor que es el arquitecto de la Municipa- lidad – El nombre lo sabe Graciela, es musicómano y yo he ido a su casa a oír discos maravillosos. Tú podrías preguntar su nombre - y Ángel que ya lo debe de conocer le podrían preguntar de quién es la propiedad y cual sería su valor como si Ángel quisiera cambiar su terreno por ese otro – Ni a Ángel ni a Graciela con todo lo que los quiero les diría la verdad porque sin quererlo ellos la pro- pagarían [Tú podrías decir] que tú lo quisieras comprar. ¿Qué te parece? Estudia bien el asunto Métete bien en la cabeza cómo lo vas a hacer. Tú cuando quieres eres una tumba. Podrías haberme dado algunos nombres de los telegramas recibidos por Pablo y yo no he podido hacerle ninguno porque cuestan (los más sencillos) más de mil pesos. y ahora te digo si yo hubiera tenido que comer, que pagar mi comida diaria no hubiera alcanzado o me hu-

Viernes 22 de Enero 1954

Mi querida Laurita No quiero que pase este correo
de avión sin que te lleve una carta. — Ya mi
viaje está decidido para el 26 de Febrero en
un barco inglés de carga — pero como tú sabes son los
mejores camarotes por menor precio — que los camarotes de segunda en los grandes barcos —
Abraza y besa a Raulito su simpática mujercita y la Guagua — y a los tíos que tanto
queremos también — Mira Laurita ya que
vas a Parral arregla lo de tu fundo con
el tío José Anjel. No dejes eso abandonado
por más tiempo — Sabe la tía Anita lo de
Roberto? Qué lástima, tan buena amistad
que tenías con ellos, pero no se han portado bien
sobretodo lo censurable, es la falta de franqueza —
Las noticias de Pablo son magníficas pero
tiene un trabajo demasiado inmenso —
y temo por su salud — Fíjate que hoy 22 de Enero
he recibido su carta del 18 con las fotografías y
su discurso en el Siglo — Se puede decir en 3 días
Estoy maravillada — Parece que es verdad.

José tuve un poco demasiado pero yo creo que es la soledad
No lo deben de dejar tan solo — Pague su camarote con una tristeza.
Muchacha que trabajará para nosotros — Muchos años
30 y tanto de la camarote Feliz.

Transcripción en las páginas 165/166.

20 de febrero 1954

Mi querida Laurita Ya está decidido mi viaje
tomado el pasaje y terminadas las gestiones
de pasaporte etc etc etc — El vapor Andes de
la Royal Mail zarpa el 6 de Marzo y llega a
Buenos Aires el 23 de Marzo — He tomado esa
resolución porque ya no tengo ánimos para seguir rodando por el mundo — No te escribí a
Parral porque tuve un recrudescimiento de
Trabajo — y mis cartas ineludibles a Pablo —
Hoy estoy en el campo en una lindísima
casa de unos amigos — El gran pintor Fernand
Léger que fué profesor mío y su mujer simpatiquísima y generosa que hacía tiempo
me tenía convidada para que no gastara
en el hôtel — Mira Laurita espero que ya
estés en Lynch para que alguien sepa lo
que voy a hacer porque Vicente Naranjo está
a lo mejor todavía en Parinacota y Pablo

Transcripción en las páginas 166/167.   →

en Isla Negra — Entonces tu tienes que saber lo que
yo voy a hacer para si Pablo no recibe mi carta
tu le puedas comunicar — Si recibo como me
han prometido unos derechos de autor de
Alemania no necesitaré del Señor Blanco
pero es bueno que Vicente Naranjo le repita
que si vuelvo a necesitarlo me facilite lo
que necesite — No sé cuanto será necesario para
el viaje aunque esta vez pienso no bajar casi
en los puertos — para no tener gastos — Pasé unos
días muy amargos porque ese señor no recibía
órdenes de Chile y yo estaba endeudándome cosa
que me horroriza. Te abrazo entonces con
mucho cariño. Te escribiré desde el barco.
No quiero decirte lo que siento con tanta tristeza esta ausencia tan larga aunque haya
tenido éxito en mi trabajo — Abrazos a
toda la familia y besos de tu querida
Delia

2 de Diciembre 1954

Mi querida Laurita Recién hoy 2 de Diciembre
tu carta fechada el 20 - Ha habido aquí huel
ga en la aviación y en los empleados de cor
reos. pero yo creía que recibiría todas las car
tas de una vez - Antes de ayer tuve una de Tomás
Lago con la misma fecha de la tuya - De Pablo
nada todavía y de Graciela tampoco - pero
yo fuí hoy a ver si algo había llegado para
mí y la portera de la casa de los Reyes me
dijo que nada - Conversando conmigo se conven
ció de que era mejor que yo mirara y descu
brí un telegrama de tu hermano y tu carta
que como ninguno llevaba el nombre del
Carril la señora esta no creía que fueran pa
ra mí - Mi principio de año no hubiera si
do tan triste si esta bendita hubiera re
conocido la carta y el telegrama que han
llegado por lo menos el 1º. Como le cuento
en carta anterior a Pablo esta casa de los ami_

Transcripción en las páginas 167/168. →

[...] 5 cuadras más lejos es también la del nuevo Presidente de la República. Así que hay una guardia de Carabineros en la puerta y policía civil que controlan la entrada. Además la portera se ha convertido en un personaje hasta ha salido fotografiada besándose y abrazándose con la Presidenta en todos los diarios y revistas. Además su trabajo se ha triplicado. En fin otra vez será mejor. No hay mal que por bien no venga. Los franceses dicen que la desgracia no dura. Te contesto corriendo porque a las 7 cierran el correo y son las 6 y media de la tarde. Yo no me a tiempo que ir a dejarla. A mi vuelta ya la deben de ir preparando. Creo que a fines de mes podría regresar. Ya por lo menos un libro el que interesa más a Pablo estará listo y mi trabajo con el traductor ale_ mán terminado. Yo confundí lo que Pablo me decía de la familia. Mándiola porque al mismo tiempo me decía que una niña tenía tijeras lo que me hacía pensar que no podían estar en Isla Negra. En la próxima carta te voy a pedir bajas unas estimaciones para mí pero muy discretamente para que no pidan un precio loco. La carta que me anuncia de Pablo no había llegado todavía. Tavio vich llevaba además de su carta un libro objeto con un poema de Paul Eluard regalado por su mujer Dominique. Muchos besos te deseo de felicidad.

Tu cuñada Delia

Transcripción en las páginas 167/168.

1953, septiembre 25.
Neruda con algunos familiares en Santiago, entre otros:
en el fondo de izquierda a derecha su hermana Laura,
su hermano Rodolfo, Bélgica Mason, Guido, Anita Palacios,
Anita Reyes Mason, prima de Neruda y Orlando Mason (hijo), de barba.
En la segunda fila de izquierda a derecha Orlando Mason Candia (con humita),
Delia del Carril, Neruda y Ana Mason.
Abajo Rina, Roberto y Mery.

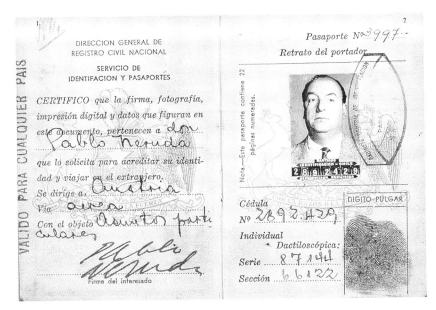

Pasaporte de Neruda.

Neruda con su hermana Laura y Matilde Urrutia
en el comedor de su casa de Santiago,
La Chascona.

3
Notas y Manuscritos

ISLA NEGRA
CHILE

Raul te presento
a mi amigo
Selden Rodman
escritor y periodista
de N. York. Muéstrale
la ciudad y atiendelo
en lo que puedas. Cuan-
do vienen? Yo pasaré
de gira en Febrero por allí.
Abrazos a Lila[29]

Pablo

ISLA NEGRA
CHILE

---

[29]Esta nota está dirigida a su sobrino Raúl Reyes Toledo y su esposa, Lidia Herrera.

9-III- 68

Queridos Raul
y Lila,
estos amigos ingleses
quieren conocer Temuco,
la vieja casa, el cerro etc.
Son nuestros queridí-
simos hermanos así
es que trátenlos como
a tíos.
Los queremos y
recordamos

Pablo y Matilde

*que pasen al correo
- la mesa nueva
Pancho que me traiga
dos bodegones, uno que
están junto a la escalera:
una de Celia Castro con
El Mercurio y la otra
mexicana con botellón y
vaso de agua*

que pasen al correo
- la mesa nueva
Pancho que me traiga
dos bodegones, que
están junto a la escalera:
una de Celia Castro con
El Mercurio y la otra
mexicana con botellón y
vaso de agua

Nota: en el reverso con letra de Laura Reyes aparece fechada esta nota el 19 -I-73. Isla N.

22 de Febrero 1971
Isla Negra

Correo 3, Valparaiso

Ruego entregar
a mi hermana, Sra.
Laura Reyes la correspon-
dencia de mi casilla
(3674)
Muchas gracias

Neruda

Europa es una gran
construcción contra-
dictoria y su cultura
aparece vence-
dora del tiempo
y de la guerra. Francia
entre todas las naciones
me acogió con su
eterna lección de
razón y
de belleza. Tuve
es claro una emoción
que humedeció los
ojos cuando el
Soberano de Suecia, el
Sabio rey que ha cum-
plido noventa años,
me entregó
un saludo
de oro, una medalla destinada
para todos los chilenos.[30]

---

[30]Fragmento del borrador del discurso pronunciado en noviembre de 1972 en el Estadio Nacional , a su regreso a Chile después del Premio Nobel.

Después del 29 de Junio de 1973 los Carabineros de Chile asumieron una nueva dimensión.

Esos cuarenta hombres defendiendo el honor de Chile, sin rendirse ante los tanques de la traición, conformaron uno de los episodios más heroicos en la historia de Chile.

Pero antes y después son nuestros árboles más seguros. Por calles y caminos, a la intemperie, en el peligro y en la paz, estos árboles verdes nos han dado protección, sombra y sosiego.

Los Carabineros de Chile están hechos de una madera recia, del roble severo, del silencioso y resistente corazón de la Patria.

PABLO NERUDA

Isla Negra
8 . Agosto
1973[31]

> Después del 29 de Junio de 1973 los Carabineros de Chile asumieron una nueva dimensión.
>
> Esos cuarenta hombres defendiendo el honor de Chile , sin rendirse ante los tanques de la traición, conformaron uno de los episodios más heroicos en la historia de Chile.
>
> Pero antes y después son nuestros árboles más seguros. Por calles y caminos, a la intemperie, en el peligro y en la paz, estos árboles verdes nos han dado protección, sombra y sosiego.
>
> Los Carabineros de Chile están hechos de una madera recia, del roble severo, del silencioso y resistente corazón de la Patria.
>
> PABLO NERUDA

---

[31]Esta nota está fechada con letra de Laura Reyes.

Anillo recibido el 20 de diciembre de 1953, en la ex Unión Soviética,
con objeto del Premio Stalin de la Paz.
En poder del autor del presente ensayo.

Frontis de la tumba familiar en el cementerio de Temuco.

Bibliografía

AGUAYO Rafael. *Neruda. Un hombre de la Araucanía*. Ediciones Literatura Americana Reunida (LAR), 1987.

AGUIRRE, Margarita. *Genio y figura de Pablo Neruda*. Ed.Universitaria de Bs. Aires,1964.

ARCHIVO PERSONAL DE FOTOGRAFÍAS Y CARTAS

CLARIDAD, Periódico semanal de Sociología, Arte y Actualidades, El N° 1 aparece en octubre de 1920.

CUADERNOS, FUNDACIÓN PABLO NERUDA, Número dedicado a Gabriela Mistral "Gabriela La Rosa de Papel", 22 (otoño 1995).

LA DEMOCRACIA, periódico de Parral de comienzos de siglo.

MONTES, Hugo, edición, prólogo y notas. *Cartas a Laura. Pablo Neruda*, Editorial Andrés Bello, 1991.

MUÑOZ, Diego. *Las tres etapas de la lírica nerudiana*. Santiago: Ediciones Lastarria, 1979.

NERUDA, Pablo. *Memorial de Isla Negra*. Ed. Losada, 1972.

NERUDA, Pablo. *Confieso que he vivido*. Ed. Losada, 1974.

NERUDA, Pablo. *Cuadernos de Temuco*. 155 poemas inéditos prontos a editarse con prólogo de Víctor Farías, escritos entre 1918 y 1920. La fotocopia del original fue descubierta por el autor del presente ensayo y entregada para su publicación a la Fundación Pablo Neruda en diciembre de 1994.

NERUDA, Pablo. *Crepusculario*.

NERUDA, Pablo. *El río invisible*. Editorial Seix Barral, 1980.

PINO ZAPATA, Eduardo. *Historia de Temuco*. Temuco: Ediciones Universitarias de La Frontera, 1969.

PUCCINI, Darío. *Conciencia mítica y conciencia histórica en el* Canto General *de Neruda*. Estrattto da Neruda en/a Sassari, Actas/Atti del "Simposio Intercontinental Pablo Neruda", Sassari, 3-5 mayo/maggio 1984.

STYLO N.6. Revista literaria editada por la Pontificia Universidad Católica, sede Temuco. El primer semestre de 1968 apareció un artículo inédito de Juvencio Valle, "Mi trayectoria poética".

TEITELBOIM,, Volodia. *Neruda*. Ed. Losada, 1985.

VERNIORY, Gustavo. *10 años en la Araucanía*. Ed. Universitaria, 1975.

Testimonios

REYES MASON, ANITA, hija de Abdías Reyes Hermosilla (hermanastro de José del Carmen Reyes) y de Glasfira Mason Candia. Anita es prima hermana de Pablo Neruda y fue su secretaria.

TOLEDO CONTRERAS, TERESA, ex-esposa de Rodolfo Reyes Candia, hermano de Neruda, madre de Raúl Reyes Toledo, sobrino de Neruda. Fallecida en 1991.

URRUTIA, MATILDE, esposa de Neruda. Algunos de los testimonios fueron recordados de muchas de las conversaciones sostenidas en su casa La Chascona. Fallecida en 1985.

MASON, ORLANDO, hijo del fundador del diario La Mañana de Temuco Orlando Mason Candia. Fallecido en 1995, en Santiago.

NEIRA, RIGOBERTO, hijo de Heriberto Neira Bustos quien era compadre de Santiago Gacitúa al igual que don José del Carmen Reyes. Gacitúa era un conocido terrateniente de Boroa.

REYES TOLEDO, RAÚL, sobrino de Neruda. En su casa en Temuco se alojaba el poeta cada vez que viajaba hacia el sur. Fallecido en 1979.

REYES CANDIA, RODOLFO, hermano mayor de Neruda. Fallecido en 1976.

REYES CANDIA, LAURA, hermana menor de Neruda. Fallecida en 1977.

PACHECO OYARZÚN, IRMA, hermana de Horacio, Maruja, Arturo, Fresia, Delmi y Luis, hijos todos de Horacio Pacheco Reuch y Prosperina Oyarzún, matrimonio con el que los Reyes eran compadres. En casa de los Pacheco se realizaba el veraneo de los Reyes en Puerto Saavedra.

PACHECO OTTH, JAIME, nieto de Horacio Pacheco Reuch.

AGUAYO TOLRÁ, EMELINA, junto con ocho hermanos hijos de Gregorio Aguayo y Aurelia Tolrá. Los nueve hijos eran hermanastros de Laura Reyes, nacida de una primera relación de José del Carmen Reyes con Aurelia Tolrá. Siempre se ocultó este parentesco por una serie de convencionalismos.